Furtado-Brum / Meneses

Azoren

Legende und Neuzeit

www.tredition.de

© 2015 Regina Oberschelp de Meneses

Verlag: tredition GmbH, Hamburg

ISBN
Paperback: 978-3-7323-7379-6
Hardcover: 978-3-7323-7380-2

Printed in Germany

www.tredition.de

Azoren – Legende und Neuzeit

Vorwort

Legenden berichten von alten Zeiten. Doch können sie ihre Aktualität bis in die Neuzeit beibehalten? Sie beschreiben exemplarisch die Haltung der Menschen, die sich auf den azoranischen Inseln den überwältigenden Naturmächten des unbegrenzt scheinenden Meeres und den unvorhersagbaren Erderschütterungen und Vulkanausbrüchen schutzlos ausgeliefert sahen. In der Isolation vom Festland bilden sich Lebensgemeinschaft, in der alleinig die gegenseitige Unterstützung im Angesicht des von allen Seiten lauernden Ungewissen Sicherheit und Überlebenschance bietet. Gleichzeitig spürt der Leser, wie in der Stille der Abgeschiedenheit die Imagination in alle Richtungen forscht, sich ungehindert in die Sphäre des Übernatürlichen wagt.

Einst ein wichtiger Ankerplatz zwischen den Welten, dann wieder im Weltschatten in Vergessenheit versunken, bergen die Azoren im sie wild umtosenden Atlantik unentdeckte Geheimnisse, unter denen die Sage von Atlantis wie die vorwitzigen Spitze eines Eisbergs die Meeresoberfläche durchbricht.

Inmitten des samtblauen Atlantiks funkeln, aus unerwartet scharf-kantigem Lavagestein geschliffen, neun leuchtend grün bewachsene Felseninseln wie Schmucksteine dem sich aus der Flugperspektive nahenden Besucher entgegen. Poetisch besitzt bereits schon seit Jahrhunderten jede Insel ihre typische Farbbezeichnung: Santa Maria ist der gelbe Bernstein, São Miguel der grüne Smaragd, Faial der blaue Saphir, Pico der graue Blutstein, São Jorge der braune Karneol, Graciosa der weiße Diamant, Terceira der lila Amethyst, Flores der rosa Rubin und Corvo der Glücksstein Obsidian, veredeltes Lavagestein.

Alle neun Inseln sind von unterschiedlicher Größe, weisen unterschiedliche Formen auf, bieten von alters her unterschiedlichem Strandgut, Fauna, Flora und sozialen Traditionen, Zuflucht und Ankerplatz. Kein Besucher sollte sich von dem idyllischen Lebensbild täuschen lassen und vorschnell dem morgendlichen Sonnenschein vertrauen, denn vor dem unfassbaren Farbspiel des Abendrots könnte er schon von nachmittäglichen Regenschauern überrascht werden, deren tropische Wärme den betörenden Duft der Karibik in der heimischen Pflanzenwelt sich entfalten lässt. Jeder Besucher sei versichert, dass jede Insel ihre persönlichen Geheimnisse birgt – die sie demjenigen mitzuteilen gewillt ist, der ihren Erzählungen lauscht.

Die azoranische Inselwelt

Die Entstehung der Azoren

Vor vielen, vielen Jahren gab es ein wunderbares Land, in dem kristallklares Wasser die Bäche hinuntergurgelte, der grüne Pflanzenbewuchs wie ein weicher, flauschiger Teppich unter den Füßen federte, die Blumen mit ihren betörenden Düften die Luft aromatisierten und durch ihre Farbenpracht die Landschaft verzauberten.

In diesem paradiesischen Land lebten neun wohlerzogene Brüder, die sich durch ihre Stattlichkeit und Weisheit aus der Bevölkerung hervorhoben. Sie waren unzertrennliche Freunde und halfen sich gegenseitig, wo immer einer des anderen bedurfte. So viel Zeit wie möglich verbrachten sie miteinander, und an den Sonnentagen stiegen sie auf die Bergspitzen, um von dort den Blick über die liebliche Landschaft mit ihren Hügeln und Tälern zu genießen. Mit der Zeit wählte sich jeder Bruder einen Lieblingsberg aus und begann davon zu träumen, diesen als seine persönliche Besitzung zu kultivieren.

Als sie ihre Pläne weiter ausgefeilt hatten, beschlossen sie, dem König ihr Gesuch vorzutragen: „Majestät, unser Wunsch ist es, uns auf diesen fruchtbaren Bergspitzen anzusiedeln. Wir bitten in aller Ergebenheit, uns dieses Anliegen zu bewilligen." Der König sah keine Veranlassung, ihrer Bitte nicht nachzukommen, denn er vertraute auf ihre weise Verwaltung der neun Bergspitzen. Überglücklich vereinbarten die Brüder, sich jedes Jahr einmal zu treffen, damit die starke Freundschaft, die die Brüder verband, nicht unter der Trennung litte.

Kaum hatten sie sich auf den Bergspitzen angesiedelt, da wurde das Land von starken Erdstößen erschüttert. Das Meer schäumte hoch auf, drang in die Täler ein und verschlang alles in seinem Pfad. Nur die Bergspitzen erreichte es nicht. Nachdem sich die Wellen schließlich beruhigt hatten, glitzerte das Wasser so blau und klar, dass die Schönheit der neun herausragenden Bergspitzen in so unübertroffener Schönheit daraus hervorragten, als wenn die Naturgewalten sich nie mit ihrem unheimlichen Wüten den ehrfürchtigen Respekt der Menschen erstritten hätten.

Die Bergspitzen der neun Brüder ragten jetzt als Inseln aus dem sie sanft umsäuselnden Wellengeplätscher. Auf ihnen leben noch heute die Nachkommen der neun Brüder. Sie sind uns allen bekannt als die neun Inseln des azoranischen Archipels.

Erstaunlich ist, dass diese Bipolarität des Wetters, wie in der Sage beschrieben, jedes Jahr aufs Neue die Einwohner der Azoren in wiederbelebendes Erstaunen versetzt. Während der Wintermonate scheint der übermächtige Ozean die Inseln samt ihren Bewohnern mit zunehmender Feuchtigkeit in das Meeresgrab von Atlantis einhüllen zu wollen. Besonders in den ersten drei Monaten jeden Jahres rinnen die Tropfen von den üppig feuchten Blättern im Takt einer geduldig laufenden Wasseruhr und fallen auf das bereits unter der Nässe schwer sich beugende Gras, bis das überquellende Erdreich sich, durch das poröse Vulkangestein schlängelnd, in den wild tosenden Ozean erleichtert. Ungestüm brechen sich aufschäumende Wasserberge an den von unkontrollierbarer Gewalt bedrängten Inselküsten. Weiße Gischt auf schwarzem Lavagestein – jedem zum Verderbnis, der sich zu nahe dem grandiosen Schauspiel nähert. Auf den ansteigenden Hängen dieser Vulkaninseln berührt wallender Nebel die taunassen Moose und Flechten wie zum erstickenden Todeskuss.

Und dann bricht die Sonne durch den Himmel grauer Hoffnungslosigkeit, drohender Weltuntergangsstimmung. Die bedrohlichen Nebel verflüchtigen sich in leichtfedrige Zuckerwattewölkchen, und die gerade noch alles zu verschlingen geneigten Wassermassen verwandeln sich in lustig hüpfendes Wellenkräuseln – als wenn sie nie ein Wässerchen hätte trüben können. Am samtblauen Himmel blinkt die Sonne durch die glasklare Luft und zwinkert neckisch im freundlichen Meeresglitzern, als wollte sie sagen: „Es war ja gar nicht so gemeint. – Aber bitte: Respekt vor den gewaltigen Geheimnissen des Meeres!"

Tief atmet der Mensch durch, hypnotisch entspannt sich der Blick im Tiefblau des Himmels. Leicht ist die Luft und voller klarer Süße. Überall leuchten Blüten in von Luftverschmutzung unbeeinträchtigter Farbenpracht. Ungläubiges Augenblinken. War alles nur ein Alptraum? Oder erwachen die Inseln tatsächlich jedes Jahr erneut wie ein Azoren-Phönix aus der regenerierenden Natur und funkeln wie seltene Edelsteine im königsblauen Atlantik?

Die Prinzessin von Atlantida

Vor langer Zeit, als die Inseln der Azoren noch alle verbunden waren und eine Landmasse bildeten, herrschte in diesem Reich, Atlantida genannt, ein strenger König, der eine liebreizende Tochter hatte. Der Herrscher war einzig und allein darauf bedacht, dass sein Reich ordnungsgemäß verwaltet wurde, und verbot der heranwachsenden Prinzessin, auch nur im Entferntesten an Heirat zu denken.

Allerdings hatte der gestrenge König nicht mit einem wagemutigen jungen Edelmann gerechnet, der seine Tochter redegewandt umwarb und erfolgreich ihr Herz eroberte. Die treuherzige Prinzessin vermeinte, ihren Vater nicht hintergehen zu dürfen, und bat ehrerbietig um eine Audienz. Furchtlos stellte sie sich vor den verwunderten König und erklärte ihm geradeheraus, dass sie beabsichtige, aus Liebe auf ihr Königreich zu verzichten.

Noch ehe der mächtige Herrscher sich besinnen konnte, war seine Tochter schon wieder entschwunden, und zurück blieb sein Unverständnis über ihre Dreistigkeit, ein Unverständnis, das sich unversehens in Hass verwandelte. Wie konnte seine einzige Tochter es wagen, seinen Wünschen zuwider zu handeln, die Verantwortung für ein glänzendes Königreich wegen einer Laune der Liebelei zurückstoßen?

Wutentbrannt ließ der König von Atlantida einen Zauberer rufen, dem er umgehend befahl, seine ungehorsame Tochter auf dem Grundstück des frevelhaften Edelmanns in einen Baum zu verwandeln. Der Zauberer tat, wie ihm geheißen war, fügte jedoch unbemerkt bei dem Zauberspruch hinzu, dass, falls ein Ästlein des Baumes geknickt würde, das vorbildliche Reich Atlantida vom Wasser verschluckt werden sollte.

Sobald der Edelmann vom Schicksal seiner geliebten Prinzessin erfuhr, umschlang er den Baum und verbrachte bei Wind und Wetter viele Tage in dieser verzweifelten Position. Dann kam ihm der Gedanke, dass, wenn er ein Stück des Baumes abbräche und in sein Hemd steckte, er immer ein Stück seiner Geliebten bei sich tragen könnte. Kaum hatte der junge Mann den Zweig abgebrochen, da wurde das Land von Tosen und Schütteln ergriffen und Wassermassen drangen durch die Täler, bis nur noch neun Bergspitzen aus dem Meer hervorschauten.

So verschwand das geheimnisvolle Reich Atlantida. Zurück blieben die neun Inseln der Azoren. Natürlich konnte man zur Zeit der ersten Besiedlung der Inseln Erdbeben nicht auf tektonische Plattenverschiebungen zurückführen. Aber phantasievolle Erklärungsgeschichten wie diese lenkten sicher erfolgreich jeden Zuhörer gespannt von dem tosenden Wind ab, der in stürmischen Winternächten die Dächer abzuheben drohte und die fröstelnden Hausbewohner sich um die flackernden Kamine kauern ließ.

Und wer weiß, ob es nicht so gewesen sein kann. Sicher ist, dass, wenn in hellen Vollmondnächten die Erde bebt und wackelt, man noch heute das traurige Seufzen der Prinzessin von Atlantida hört, die alles verlor, was sie liebte.

São Miguel

Die Prinzessin und der Hirte

In der Gemeinde von Sete Cidades auf der größeren der beiden südöstlichsten Azoreninseln, São Miguel, gab es einst ein fabelhaftes Reich der herrlichsten Schätze und des prächtigsten Reichtums. Der regierende König hatte eine Tochter, wie sie schöner, klüger und edelmütiger nicht hätte sein können. Diese Prinzessin liebte nichts mehr, als durch Wiesen und Felder zu streifen und den trillernden Vögeln und gurgelnden Bächlein zu lauschen.

Eines Tages begegnete die Prinzessin mit den blitzeblauen Augen unter einem alten Baum am Rande einer saftigen Weide einem Hirten mit grün schillernden Augen. Während sie die Blumen und die Tiere auf den saftigen Weiden betrachteten, verliebten sie sich unversehens in einander. Über Tage und Wochen trafen sie sich nun regelmäßig im Schatten des großen Baumes, unter dessen Schutz ihre Zuneigung zu unsterblicher Liebe heranwuchs.

Natürlich wurde dem König schließlich die Nachricht von den Liebestreffen seiner Tochter hinterbracht. Er war höchst ungehalten, da er die Prinzessin mit dem Prinzen aus einem benachbarten Königreich verheiratet sehen wollte. Umgehend verbot der Herrscher seiner Tochter, den Hirten je wiederzusehen. Da die Prinzessin wusste, dass ihr Vater seine Meinung nicht ändern würde, bat sie um die Erlaubnis eines letzten Zusammenkommens mit dem jungen Mann.

Großzügig gestattete der König diesen Wunsch, und die beiden Liebenden trafen sich ein letztes Mal unter der Krone des uralten Baumes. Sie sahen sich jeglicher Möglichkeit für ein gemeinsames Leben beraubt. In ihrem abgrundtiefen Abschiedsschmerz weinten sie so sehr, dass den Tränen kein Einhalt geboten werden konnte. Schließlich bildeten sich zu ihren Füßen zwei Seen, von denen im Sonnenlicht der eine grün und der andere blau schimmerte. Dann mussten sie sich trennen und sahen einander nie wieder.

Noch heute erinnert der Lagoa Azul an die blauen Augen der unglücklichen Prinzessin und der Lagoa Verde an die grünen Augen des nicht standesgemäßen Hirten. Könige gibt es in São Miguel nicht mehr, aber die Insel war lange Zeit von der sozialen Diskrepanz zwischen einer herrschenden Oberschicht und einer teilweise aus Sklaven bestehenden Arbeiterbevölkerung geprägt. Auch heutzutage verlangen die Namen alteingesessener Familien von den wissenden Azoranern eine besondere Aufmerksamkeit, die nichts ahnenden Touristen verborgen bleibt. Obwohl zu hoffen bleibt, dass sich so eine tragische Liebesgeschichte nicht wiederholt, gibt es dafür natürlich keine Gewähr.

Wie Rabo de Peixe seinen Namen erhielt

Rabo de Peixe, Fischschwanz, ist ein traditioneller Fischerort an der Nordküste der Azoreninsel São Miguel, der es sich oft hat gefallen lassen müssen, dass Besucher sich nach dem Ursprung dieser ungewöhnlichen Ortsbezeichnung erkundigten. Als Erklärung greifen die Bewohner auf eine Legende aus den Gründertagen in der Mitte des 15. Jahrhunderts zurück.

In dem fruchtbaren flachen Küstenstreifen ernährten sich schon damals die neuen Siedler außer durch Ackerbau hauptsächlich vom ertragreichen Fischfang. Nach getaner Arbeit fand sich dann immer Zeit, am Ufer zu sitzen und grübelnd auf das Meer hinauszuschauen.

Eines Tages gerieten einige Fischer bei dieser intensiven Freizeitbeschäftigung unversehens in eine hitzige Auseinandersetzung darüber, wie man denn nun die junge Ansiedlung nennen sollte. Einige Namen wurden in die Runde geworfen, doch keiner fand recht Zuspruch, denn stets zerstörten neue Vorschläge die angestrebte Übereinstimmung.

Plötzlich erspähte einer der Fischer die Schwanzhälfte eines kleinen Fisches auf den tanzenden Wellen in Ufernähe. Zwei Tage zuvor hatte sich ein großer Raubfisch einem nichtsahnenden kleinen Fischlein genähert und ihn dermaßen erschrocken, dass dieser sich vor Entsetzen in zwei Stücke gezappelt hatte, da er in seiner Not nicht wusste, in welche Richtung er fliehen sollte. Nun trieb der Fischschwanz auf den seichten Kieselstrand zu.

Um seine Freunde davor zu bewahren, sich weiterhin über die Namensgebung in eine feindselige Auseinandersetzung zu steigern, nutzte ein Fischer diesen im Allgemeinen durchaus unbedeutenden Anblick und rief lauthals dazwischen: „Jetzt seht euch nur das an! Ein Fischschwanz! So sollten wir unseren Ort nennen, Fischschwanz."

Nach einem Moment verblüffter Verwunderung brachen die Fischer in ein schallendes Gelächter aus über so eine verrückt erscheinende Idee. Doch als sich die Heiterkeit schließlich legte, fingen die Männer plötzlich an, diese Möglichkeit der Namensgebung ernsthaft zu bedenken. Fest stand, dass dieser Name keinen verärgern noch bevorzugen würde. Gleichzeitig klang ihnen diese Bezeichnung für eine Fischergemeinde sehr passend.

Und so kommt es, dass die kleine Ansiedlung am tiefgründigen Atlantik aufgrund des nahrhaften Fischreichtums inmitten fruchtbarer Felder unter dem Namen Rabo de Peixe, nach einem unbedeutenden kleinen Fischschwanz benannt, zu einem der größten Orte auf der Azoreninsel São Miguel heranwuchs. Traditionell sitzen die Fischer nach getaner Arbeit immer noch am Ufer und schauen aufs Meer hinaus. Aber über den Namen ihrer Ansiedlung grübeln sie nicht mehr nach. Schnelle Schlucke kühlenden Biers importierter oder örtlicher Qualität sollen die Wogen glätten, wenn die letzten Fußballergebnisse verglichen werden, um wieder einmal festzulegen, welche portugiesische Mannschaft überzeugender für sich den Meistertitel in Anspruch nimmt, Sporting oder Benfica. Obwohl der unbedeutendere inseleigene Verein Santa Clara natürlich letztendlich alle als Anhänger übereinstimmend vereint.

Lagoa Seca oder der trockene See

Vor vielen Jahren gab es in der Nähe von Furnas auf der Azoreninsel São Miguel einen Ort, der Lagoa Seca, trockener See, hieß. An einem sonnigen Feiertag befand sich dessen gesamte Bevölkerung in freudiger Festtagsausgelassenheit, als eine Frau von der Dorfquelle Wasser holen musste.

Zu ihrer Verwunderung rieselte aus der Erde statt des üblichen kühlen Quells warmes, mit grobem Sand vermischtes Wasser. Die Frau wusste sofort, dass etwas nicht mit rechten Dingen zugehen konnte, und eilte zu ihrem Mann, um ihn und die feiernden Freunde zu warnen. Diese waren jedoch wahrscheinlich schon durch den örtlichen Wein so sehr in ihrer Festtagsstimmung der Wirklichkeit entrückt, dass sie sich nur dreist über die besorgte Frau lustig machten. Währenddessen verdunkelte sich der Himmel, als wenn es frühzeitig Nacht werden wollte. In größter Aufregung zerrte die Verzweifelte vergebens an ihrem sie spöttisch verhöhnenden Mann und zeterte atemlos voll Panik, dass wahrscheinlich eine fürchterliche Strafe bevorstände.

Da all ihr Jammern und Flehen auf taube Ohren stieß, verließ die Frau, von Verzweiflung getrieben, so schnell sie konnte, allein ihren Geburtsort. Kaum hatte sie die erste Anhöhe erklommen und sah sich keuchend um, da stockte ihr der Atem. Zu ihren Füßen dehnte sich ein breiter See aus. Unter seiner ruhigen Oberfläche war für immer ihr Heimatort mit all ihren Freunden und Verwandten verschluckt. Eine einzige Heilig-Geist-Krone und ein Heilig-Geist-Zepter glitzerten genau zu Füßen der Frau am Wasserrand.

Zunächst wusste die vor Überraschung und Kummer vollkommen Verstörte nicht, was sie tun sollte. Dann hob sie die Krone und das

Zepter auf und folgte der Richtung, in der die Heilig-Geist-Taube ihren Kopf geneigt hielt. Am Anfang der Ortschaft Ponta Garça empfing sie die Kapelle von Nossa Senhora das Mercês. Ehrfürchtig legte die Frau die Heilig-Geist-Krone und das Heilig-Geist-Zepter auf den Altar der Kapelle. Dann sank sie erschöpft und erleichtert auf ihre Knie und betete.

Noch heute kann man in der Kapelle von Nossa Senhora das Mercês diese Krone und das Zepter sehen. Die Ortschaft Lagoa Seca auf dem Grund des Sees Lagoa das Furnas ist dagegen nur zu erahnen. In schaulustigen Touristen scheinen die brodelnden Schwefel-Quellen in der Umgebung mehr Ehrfurcht vor den unberechenbaren tektonischen Gewalten hervorzurufen als in den Einheimischen, die zur Verwunderung der Besucher unbekümmert den intensiven Schwefeldämpfen trotzen.

Das Schlammloch von Pêro Botelho

Vor vielen Jahren lebte in Furnas auf der Azoreninsel São Miguel ein schlechter Mann namens Pêro Botelho, der wegen seines aufbrausenden Temperaments bekannt und gefürchtet war. Wie viele andere Anwohner kochte er oft sein Essen in den brodelnden Schlammlöchern. Ab und zu begab er sich an kalten Wintertagen auch deswegen in ihre Nähe, weil ihnen nachgesagt wurde, dass ihr Schwefelgehalt Rheumatismus kuriere.

Eines Tages näherte sich Pêro Botelho dem Rand eines besonders tiefen und heimtückischen Schlammlochs. Vielleicht hatte er, denn es war Erntezeit, schon zu viel dem jungen Wein zugesprochen, oder er versuchte, wie leider schon öfter zuvor, sich ein Essen aus dem Loch zu ziehen, an dessen Herstellung er nicht beteiligt gewesen war, oder der Teufel suchte einfach nur einen gleichwertigen Partner für einen gemütlichen Plausch. Auf jeden Fall rutschte Pêro Botelho ab und verschwand unversehens in dem dampfenden Gebrodel, ohne dass man auch nur noch je einen Ton von ihm gehört hätte.

Natürlich nähern sich die Einheimischen auch heutzutage den stinkenden Schlammkesseln nur mit größter Vorsicht. Besucher werden zu ihrer eigenen Sicherheit auf Distanz gehalten. Das unheimlichste Brodelloch haben die Bewohner Caldeira de Pêro Botelho getauft. Sie behaupten steif und fest, dass, wenn man seinen Namen hineinruft, er mit erstickender Stimme zurückblubbert: „Zieht mich heraus! Zieht mich heraus!" Wenn Ihr es ausprobiert, beugt Euch nicht zu weit vor. Damit sich der Name nicht ändert.

Die verzauberte Insel vor Nordeste

Vor vielen, vielen Jahren lag vor der Steilküste von Nordeste auf der Azoreninsel São Miguel eine gar wunderbare Insel, in der stets frühlingshafter Sommer herrschte, eine sanfte Brise über die grünen Wiesen und üppigen Felder wehte, die Einwohner alle in vergoldeten Palästen wohnten und der König die schönste Prinzessin als Tochter hatte, die es je gab. Jeden Tag durchstreifte sie mit ihren sonnenblonden Locken und meeresblauen Augen die vom Glück gesegnete Insel. Dabei verdrehte sie allen Männern die Köpfe und schlug konsequent jegliche Heiratsanträge aus.

Eines Tages erschien ein reich geschmücktes Schiff mit zahlreicher Besatzung, die nur ein Anliegen hatte: um die Hand der bezaubernden Prinzessin anzuhalten. In einem fernen Land wartete ein sagenhaft reicher Herrscher, der vom Erfolg seiner Werbung ohne jeden Zweifel überzeugt war, wovon sich die holde Prinzessin jedoch nicht beirren ließ. Nach der Rückkehr seiner um ihre Köpfe bangenden Boten wurde der durch die Abweisung der Prinzessin gedemütigte Herrscher, dem nie zuvor ein Wunsch versagt worden war, so wütend, dass er voll Zorn eine in der Hexenkunst bewanderte Fee rufen ließ und ihr seinen Rachewunsch unterbreitete.

Die Fee schwang ihren Zauberstab, sprach ein paar unverständliche Worte und verhexte die immergrüne Insel der sanften Winde vor Nordeste auf den Abgrund des Meeres. Alle sieben Jahre taucht sie in der Nacht von São João, am Johannistag, aus dem Nass empor. Geisterhaft weiß wird sie von wallenden Nebeln umhüllt und wartet bis heute vergebens darauf, von dem verhängnisvollen Bann erlöst zu werden. Wenn die wild schäumende Brandung gegen die felsige Küste donnert, kann man die liebliche Prinzessin ihr Schicksal lauthals bejammern hören.

Dank der tropischen Wetterlage im Monat Juni laden die faszinierenden Nebelgebilde über dem Meer jeden Besucher ein, seine eigene Phantasie spielen zu lassen. Oder ragt dort drüben nicht wirklich die immergrüne Insel des Glücks aus dem Meer hervor? Wer weiß …

Köng D. Sebastião und die verzauberte Insel

Vor weniger als 100 Jahren mussten die Bewohner der Azoren ihr Wasser noch mit Krügen von Brunnen und Quellen holen. Das Wasser reichte nicht nur zum Trinken und zur Essenszubereitung, sondern wurde auch zum Säubern und Waschen, zum Bewässern der Früchte und zum Tränken des Viehs benötigt. So gab es oft lange Warteschlangen an den Brunnen, in denen tratschende

Waschweiber voll auf ihre Kosten kamen. Deshalb bevorzugten einige Leute die kühleren Nachtstunden zur Wasserversorgung, um dem Hauptandrang und dem Wetzen spitzer Zungen aus dem Weg zu gehen.

In einer klaren Vollmondnacht standen dann auch die Schwestern Bastos aus Ribeira Grande auf São Miguel entspannt allein am Brunnen, lauschten der angenehmen nächtlichen Stille und sahen verträumt auf das silbrig glitzernde Meer. Plötzlich öffnete sich aus den funkelnden Wellen ein langer Weg, und im vollen Galopp kam ihnen ein königlich gekleideter junger Mann auf einem rein weißen Pferd entgegen geritten. Nachdem er seinen schnaubenden Hengst vor ihnen gezügelt hatte, fragte der edle Herr mit wohltönender Stimme: „Wer lebt?"

Die beiden Frauen waren zunächst vor Verwunderung erstarrt. Dann rafften sie erschreckt ihre Wasserkrüge auf und, während der vornehme Reiter noch dreimal eindringlich dieselbe Frage hinter ihnen herrief, eilten sie Hals über Kopf davon. Bei der ersten Wegbiegung warfen sie einen scheuen Blick zurück. Mit gesenktem Kopf und hängenden Schultern sahen sie den enttäuschten Edelmann schleppenden Schrittes den Meeresweg zurückreiten, der sich unmittelbar hinter ihm wieder verschloss.

Am nächsten Tag erzählten die Schwestern ihren Nachbarn von der wundersamen nächtlichen Erscheinung. Da wurden sie belehrt, dass sich König Don Sebastião selbst hilfesuchend an sie gewandt hatte. Auf seine Frage hätten sie antworten müssen: „Don Sebastião und sein Volk leben.", um so seine verzauberte Königsinsel von ihrem Bann zu befreien. Allerdings würde in dem Augenblick, in dem König Don Sebastiãos Reich vom Zauber befreit würde, eine azoranische Insel mit weiblichem Namen demselben Zauber erliegen . . .

Bis heute ist dies nicht geschehen. Doch alle sieben Jahre kommt er unglückliche König an Land und hofft, dass ihn jemand von seinem Fluch befreit. Und die kleine Insel Santa Maria, in Sichtweite südlich von São Miguel gelegen, zittert. Sicher jedoch zu Unrecht, denn im Juni ist die größte Azoreninsel ein beliebtes Touristenmagnet. Und wer versteht von ihnen schon Portugiesisch?

Der Jungfern-Sumpf

In Covoado auf der Azoreninsel São Miguel gibt es ein Feuchtgebiet, das seit alters her Jungfern-Sumpf heißt. Im kalten Licht der Vollmondnächte treffen sich dort durchsichtige Feenwesen und verzauberte Gestalten und waschen im silbrig glänzenden Wasser ihre weiß schimmernden Gewänder. Nachher breiten sie diese über dem grünen Moorgrasteppich aus und beginnen zu lautlosen Weisen, grazil tanzend, ihre schlanken Körper zu wiegen, ohne dass dabei ihre Füße das Moorgrün zu berühren scheinen.

Bevor das nüchterne Morgengrauen das magische Mondlicht verdrängt, raffen sie ihre gewaschene Wäsche zusammen und entschweben, sich wie Dunst verflüchtigend, in der Stille der Nacht.

Der Frauenfluss

Es ist schon fast 400 Jahre her, dass ein junger Mann von São Miguel aus Geschäftsgründen für einige Zeit auf die Nachbarinsel Santa Maria reisen musste. In der kurzen Zeit verliebte sich der eigentlich glücklich verheiratete Mann ungewollte in eine faszinierende junge Frau mit feurig rotem Haar und blitzenden grünen Augen.

Mit einem vorteilhaften Geschäftsabkommen und einem schlechten Gewissen kehrte er nach São Miguel in sein Heimatdorf Povoação zurück, ohne zu wissen, dass die in Liebe zu ihm entflammte Frau stehenden Fußes folgen würde. Verwandte und Bekannte waren empört, als sie von der Liebschaft des Mannes erfuhren, und ihre Entrüstung steigerte sich bald in planmäßig hasserfüllte Verfolgung der in Leidenschaft entbrannten Liebenden.

Also floh das ehebrecherische Paar in die Einsamkeit von Nordeste und lebte dort von wilden Beeren und Früchten, bis die rothaarige junge Frau es nicht mehr aushielt und in hoffnungslose Tränen ausbrach. So untröstlich war sie über ihre aussichtslose Lage, dass sie nicht mit Weinen aufzuhören vermochte, bis sie sich schließlich ganz auflöste und in einen sprudelnden Bach verwandelte. Der verzweifelte Mann vermochte seinen Schmerz über den Verlust der Frau, derentwillen er seine Familie und Ehre verloren hatte, nicht zu überwinden und ertränkte sich, seiner ausweglosen Hoffnungslosigkeit bewusst, in dem gurgelnden Wasser.

In Nordeste erinnert man sich heute noch gut an die plätschernde Warnung des Ribeira da Mulher. In der größtenteils katholisch gläubigen Bevölkerung ist Ehebruch offiziell kein anerkannter Zeitvertreib, während der Jungfern-Sumpf in Covoado immer noch zum Träumen einlädt. Wie in der Bibel trifft die ausschlaggebende Schuld natürlich die Frau. Da macht die nächste Geschichte keine Ausnahme.

Die Grotte der Rivalen

Einst lebten in dem Dorf Mosteiros auf der Azoreninsel São Miguel zwei Brüder, die unzertrennliche Freundschaft verband. In Auseinandersetzungen erwiesen sie sich als gleich stark und kühn,

26

und unter ihren Altersgenossen stachen sie durch ihre Gerechtigkeit und Verlässlichkeit hervor. So waren sie sich jedermanns Respekt gewiss, während sie von den jungen Mädchen mit sehnsüchtigen Heiratsgedanken bedacht wurden. Stets sah man die Brüder zusammen, sei es bei der Arbeit oder beim Feiern.

Doch dann schlug das Schicksal zu, denn sie verliebten sich beide in dasselbe Mädchen. Die ehemalige Einigkeit und Kameradschaft verwandelte sich schlagartig in misstrauischen Argwohn und unkontrollierte Wut. Einmütig gingen sie sich von da ab bei der Arbeit und beim Feiern hartnäckig aus dem Weg.

An einem verhängnisvollen Freitagabend trafen sie aber doch aufeinander, als sie nahe der Grotte von Mosteiros an einer Engstelle zwischen den Felsen denselben Weg zum Haus des von beiden geliebten Mädchens wählten. Sofort begannen sie, sich hasserfüllt anzufeinden. Auf die Wortschlacht folgte das Handgemenge, bis sie schließlich ihre Waffen zogen. Beide waren gleich kräftig und von gleicher Entschlossenheit. Beide fielen sie im selben Augenblick, jeweils tödlich verwundet durch die Hand des Bruders.

Der Lärm lockte das so tragisch geliebte Mädchen aus ihrem nahe gelegenen Haus. Verzweifelt schlug sie die Hände vor das Gesicht und sank auf die Knie. Die Brüder lagen in ihrem sich vermischenden Blut, das die Gewänder des Mädchens durchtränkte. Gemeinsam verhauchten die Brüder ihr letztes Stöhnen, als sie der Tod in Einigkeit wieder verband.

Bis heute hört man jeden Freitagabend das Kampfgetümmel zwischen den Felsen nahe der Grotte von Mosteiros, wenn der Wind die Wellen hoch aufpeitschen lässt. Und das wehleidige Kreischen der Sturmvögel vermischt sich vor dem schwarzen Nachthimmel mit dem Unglück des zu ewigem Jammern verdammten Mädchens. Erst um Mitternacht beenden die Kirchglocken von Mosteiros den Spuk, und der Schatten einer im Gebet gebeugten Frauenfigur schwebt mit gefalteten Händen zwischen den Felsen hindurch, während ein Wolkenschleier das kalte Nachtlicht verdunkelt. Und da denken Besucher der Azoren zunächst, in dem Archipel sei nichts los. Nicht einmal nachts bekommt man seine Ruhe.

Das verzauberte Kuchenbrot

Vor weniger als 100 Jahren lebte in Mosteiros auf der Azoreninsel São Miguel eine alleinstehende Frau, von der behauptet wurde, dass sie in der Hexenkunst bewandert war. Sie hatte eine Tochter, die sich im heiratsfähigen Alter mit einem jungen Mann befreundete, der sich anscheinend nicht entschließen konnte, die entscheidende Frage zu stellen.

Schließlich hielt die Mutter das vergebliche Warten nicht mehr aus und beschloss, mit ein wenig Zauberkunst den Heiratsabsichten des jungen Mannes nachzuhelfen. Dafür knetete sie einen Kuchenbrotteig auf der entblößten Brust ihrer Tochter, und als er fertig gebacken war, ließ sein Duft jedem das Wasser im Mund zusammenlaufen.

Als der junge Mann, wie gewöhnlich, nach verrichtetem Tagewerk zur Plauderstunde mit der Tochter eintraf, bot die Mutter ihm hinterlistig ein besonders großzügiges Stück Kuchenbrot an. Obwohl es äußerst verführerisch aussah, wurde der junge Mann misstrauisch, weil die beiden Frauen ihn so aufmerksam beobachteten. Schnell versprach er, sich die Köstlichkeit als Wegzehrung für den Heimweg aufbewahren zu wollen, und überhörte dabei beflissentlich das Knurren seines hungrigen Magens.

Nach den üblichen Tändeleien verabschiedete sich der junge Mann bei Nachteinbruch und machte sich auf den Heimweg. Sobald er um die erste Ecke außer Sichtweite war, bot er das verlockend aussehende Kuchenbrotstück einem vor dem Nachbarhaus angebundenen Esel an. Kaum hatte dieser die Stulle gierig verschlungen, gebarte er sich höchst leidenschaftlich, zerriss sein Halfter und galoppierte schnurstracks zu dem Haus, das der junge Mann gerade verlassen hatte. Dort veranstaltete er aufgeregt ein derartiges Spektakel, dass die ganze Nachbarschaft zusammengelaufen kam.

Der junge Mann war erstaunt dem sonst so phlegmatischen Lastentier gefolgt. Jetzt rief er erbost über die Köpfe der neugierigen Menge hinweg: „Wolltet Ihr etwa, dass ich mich so aufführte?" Weder Mutter noch Tochter zeigten sich an den geschlossenen Fenstern, aber ein Freier ließ sich für das Mädchen auch nie wieder blicken. Und wieder erkennt jeder dumme Esel die gesellschaftliche Rollenverteilung von Mann und Frau klar heraus.

Die Quelle des Schusters

Vor vielen Jahren musste ein Schuster aus Ginetes nach Ponta Delgada gehen, um einige Schuhe abzuliefern und neues Leder zu besorgen. Als seine Frau ihm die Wegzehrung reichte, bat sie ihn, ein gewisses Medikament mitzubringen, das ihr die Nachbarin für ihre Magenprobleme empfohlen hatte.

Nach dem langen, mühsamen Weg in die Stadt freute sich der Schuster, dort Bekannte zu treffen, mit denen er die letzten Neuigkeiten austauschen konnte. Außerdem überreichte er die bestellten

Schuhe und erhielt neue Aufträge. Anschließend kaufte er noch das passende Leder und begab sich danach ermüdet auf den Rückweg. Gedankenverloren überlegte er sich bereits die Anfertigungsmöglichkeiten der neuen Auftragsschuhe mit dem neu erworbenen Leder.

Als er schon fast sein Haus erreicht hatte, fiel ihm auf einmal siedend heiß der Medikamentenwunsch seiner Frau ein. Ratlos blieb er stehen. Vor Einbruch der Dämmerung würde er es nie zur Stadt und zurück schaffen. Ohne das Medikament nach Hause zurückzukehren schien ihm jedoch ein fast noch größeres Problem. Während er so sorgenvoll einen müden Fuß vor den anderen setzte, hörte er eine Quelle, halb versteckt im üppigen Grün, fröhlich am Wegesrand sprudeln. Plötzlich kam ihm eine Idee. Er entleerte und säuberte seinen Wasserbehälter und ließ das frische Quellwasser hineingurgeln.

Zuhause angekommen, wartete seine Frau bereits darauf, dass er ihr die letzten Neuigkeiten aus der Stadt berichtete. Mit klopfendem Herzen überreichte der Schuster ihr dann seinen Wasserbehälter. In den darauffolgenden Tagen leerte sich dieser nur langsam, denn die Frau vertraute auf seinen Inhalt und hielt sich beflissentlich an die Anweisungen ihrer Nachbarin.

Langsam, aber stetig verspürte sie Besserung. Als sie sich von ihrem Leid geheilt erklärte, nahm der Schuster all seinen Mut zusammen und beichtete ihr die Wahrheit.

Bald verbreitete sich die Kunde von der Genesung der Schusterfrau, und alle, die nun in Ginetes ein Zipperlein jedweder Art verspürten, suchten Abhilfe, indem sie das gesundheitsfördernde Wasser der Quelle des Schusters, der Fonte do Sapateiro, tranken. Heutzutage gibt es nicht mehr so viele Leute, die an die medizinale Wirkung dieser Quelle glauben. Doch als kühlender Durstlöscher ist sie in der Abgeschiedenheit bei Ginetes immer noch ein willkommenes Labsal, nicht zuletzt für die friedlich in ihrer Nähe grasenden Kühe.

Die Heiratsquelle

In dem Dorf Furnas auf der Azoreninsel São Miguel gibt es eine Quelle auf dem Pico de António Borges, die in ein Becken links von der Brücke fließt und als Heiratsquelle bekannt ist. Ihr magischer Einfluss besteht darin, dass diejenigen, die aus ihr trinken, sich unerklärlicherweise verlieben. Dabei wächst die Zauberkraft des Quellwassers mit den Sommermonaten, bis ihre Wirkung mit

Beginn der Herbststürme wieder nachlässt. Wer ungläubig lächelnd die Augenbrauen hochzieht, sollte zuerst einmal die folgende Geschichte lesen.

In einem Jahr, in der die Augustschwüle besonders schweißtreibend die größte Ansiedlung in São Miguel, Ponta Delgada, mit tropischen Luftmassen zu erdrücken suchte, zog sich eine angesehene Familie aus Ponta Delgada nach Furnas zurück. Ihre einzige Tochter hatte schon öfter Badekuren hier und in Rosto de Cão in Begleitung eines Arztes gemacht, denn sie war schon kränkelnd und ohne rechten Lebenswillen zur Welt gekommen. Ihre hochwohlgeborene Familie hatte über Generationen, wenigstens seit ihrer Ankunft auf São Miguel, darauf geachtet, stets standesgemäße Heiraten einzugehen. Diese Tochter war ihrerseits auch schon seit 20 Jahren, so alt wie sie selbst war, mit einem 10 Jahre älteren Cousin verlobt, der jedoch geistig so unausgewogen war, dass es zweifelhaft war, ob er je einer Frau, geschweige denn einer Familie, einen sicheren Lebensunterhalt bieten konnte.

Da wegen eines nahenden Unwetters die Schwüle selbst in Furnas kaum erträglich war, hatte sich die noble Familie für einen Tagesausflug auf den Pico de António Borges entschieden. Doch selbst in dieser Höhe hing die Luft bleiern und tropenschwer, und jedermann gelüstete nur nach Wasser. Kraftlos ließ sich die bleiche

Adelige neben der Quelle nieder, pflückte ein geeignetes Blatt von einem nahestehenden Strauch und stillte begierig ihren Durst.

Sie hatte den ganzen Nachmittag aus der Entfernung einer fröhlichen Gruppe Landarbeiter aus der Bretanha zugesehen, die ihr Dorffest hierher verlegt hatten und den Tag mit Tanzen, Singen und dem Verzehr von verführerisch duftenden Essensköstlichkeiten verbrachten. Ein kräftiger junger Mann, dem die überschüssige Lebenskraft nur so aus den blauen Augen sprang, warf sich erhitzt auf den Rand der Quelle, ergriff das von dem Mädchen hinterlassene Blatt und befeuchtete, genüsslich schlürfend, ausgiebig seine vom lauthalsen Singen und scherzenden Rufen ausgedörrte Kehle.

Kaum hatte das belebende Nass die beiden jungen Menschen unterschiedlicher Herkunft erfrischt, entbrannte in ihnen eine unbeschreibliche Leidenschaft zu einander. Die fahlen Wangen des jungen Mädchens erglühten in lebhaftem Rosa, und als der junge Mann nach ein paar Tagen die inzwischen durch Unwetter abgekühlten Höhen um Furnas verließ und mit seinen Verwandten in sein Heimatdorf zurückkehrte, nahm er die dunkeläugige Adelige ohne jeden Widerstand mit.

Der Skandal war groß. Der erzürnte Vater schickte dem entflohenen Paar seine Dienerschaft hinterher, musste sich dann jedoch damit abfinden, dass seine Tochter bereits glücklich in der Bretanha verheiratet war. Die junge Frau blühte auf wie eine Rose nach einem erfrischenden Sommerschauer, und daran war nur die Heiratsquelle in Furnas Schuld.

Gleichzeitig verdeutlicht die Geschichte, dass die Azoren heute zwar bürokratisch betrachtet zu Portugal gehören. Ihre ursprüngliche Besiedlung setzte sich aber aus mitteleuropäischen, meist flandrischen oder bretonischen Einwanderern und königstreuen Portugiesen zusammen, wie man nicht nur an den Ortsnamen in São Miguel erkennen kann.

Das Franziskanerkloster in Lagoa

Ende des 16. Jahrhunderts plante eine Gruppe Franziskanermönche, in Lagoa ein Kloster zu errichten. Da sie für dieses Vorhaben natürlich zunächst ein Grundstück benötigten, wurde ein Mönch beauftragt, den Capitão Donatário, den Inselverwalter von São Miguel, zu sprechen und ihn zu bitten, ob er ihnen nicht genug Land überlassen könne, um ein Gebäude darauf zu errichten.

Der Inselverwalter nahm das Anliegen wohlwollend auf und fragte den Mönch, welcher Ausmaße das Gebäude denn bedürfe. Wahrscheinlich fürchtete der Ordensbruder, dass einer anmaßend erscheinenden Forderung nicht stattgegeben würde. Deshalb antwortete er, mit gefalteten Händen bescheiden die Augen senkend: „Gütiger Herr, wir brauchen nur so viel Land, wie eine Kuhhaut umfasst." Dem Inselverwalter kam diese Antwort zwar merkwürdig vor, doch er stellte weiter keine Fragen, vertraute dem Geistlichen und ließ umgehend seine Genehmigung des Gesuchs schriftlich festsetzen.

Kaum hatte der schlaue Mönch das erhoffte Zugeständnis, eilte er zu seinen Glaubensbrüdern zurück, nahm sich eine Kuhhaut und zerschnitt sie sorgfältig in ein hauchdünnes Lederstreifenband. Damit umlegten die Mönche eifrig das Gebiet, das ihnen der Inselverwalter zugesagt hatte. Zwar bereitete es danach immer noch Mühe, das erste Gebäude zu errichten, doch beeindruckt heute noch das beachtliche Flächenausmaß, das auf diese Weise von einer Kuhhaut umfasst werden konnte.

Heutzutage ist das Grundstück jedem in Form des gepflegten Stadtgartens von Santa Cruz da Lagoa zugänglich. Schauen Sie sich um und überlegen Sie, ob Sie eine Kuhhaut dünn genug schneiden könnten, um mit ihr die Sie umgebende Fläche abzustecken.

Die Legende vom Santo Cristo

Vor langer Zeit gab es in Caloura auf der Azoreninsel São Miguel direkt am Meer ein Kloster, dessen Nonnen sehr traurig waren, weil die Bewohner des benachbarten Ortes Água de Pau nichts vom christlichen Glauben wissen wollten. Die Glaubensschwestern beteten zwar unbeirrt für das Seelenheil der Ungläubigen, doch ihre fromme Besorgnis blieb gänzlich unbeachtet. Da überlegten die hartnäckigen Nonnen, wie sie das Interesse der Leute für religiöse Lehren neu entfachen könnten.

Und schließlich hatten sie eine Idee. Vertrauensvoll schrieben sie an den Papst im fernen Italien, ob er ihnen nicht eine neue Statue zukommen lassen würde, da sie aus Geldmangel selbst keine kaufen konnten. Entweder erreichte ihr Gesuch den Heiligen Vater jedoch nie, oder er war gerade mit anderen Dingen beschäftigt oder gar auch in finanziellen Nöten, jedenfalls erhielten die wartenden Nonnen weder je eine Antwort noch die erhoffte Statue.

Man soll es kaum glauben, aber da kamen den Nonnen die Piraten zur Hilfe, die zu der Zeit die Azoren und das sie umgebende Meer in Angst und Schrecken versetzten. Diese wilden Seeräuber hatten es sich zur Angewohnheit gemacht, die entsetzten Inselbewohner mit gelegentlichen Landraubgängen zu überraschen und auf See so viele der mit kostbaren Gütern vollgeladene Handelsschiffe zu kapern, wie sie ihrer nur habhaft werden konnten. Bei ihren Angriffen plünderten sie, was sie benötigten, und warfen all das über Bord, was sie nicht interessierte.

Als nun eines Tages nach getaner Arbeit im letzten Tagesgrauen die Nonnen, die im Gemüsegarten den ganzen Tag nach den Pflanzungen gesehen hatten, um so das magere Überleben ihres Klosters zu sichern, sich endlich mit schmerzenden Rücken aufrichteten und erschöpft die beginnende Ebbe beobachteten, gewahrten sie eine große Kiste zwischen den Felsbrocken am Strand. Neugierig zogen sie das rätselhafte Strandgut auf das trockene Ufer und öffneten den Deckel.

Mit verzückten Ausrufen des Erstaunens schlugen sie die Hände zusammen, denn aus der Kiste lächelte ihnen huldvoll eine lebensgroße Büste Jesu Christi entgegen. Freudestrahlend räumten die Nonnen der Statue einen Ehrenplatz in ihrem Kloster ein und verbreiteten die Nachricht ihrer wunderbaren Ankunft auf den Wellen des Meeres in der Bevölkerung von Água de Pau.

Aus Neugierde fanden die Einwohner den Weg in die Kirche zurück. Bald sprach sich der Ruf herum, die Santo-Cristo-Büste könne wahrhafte Wunder vollbringen, woraufhin von der ganzen Insel Leute zur religiösen Verehrung ins Nonnenkloster strömten.

Allerdings lehrten wiederholte Piratenangriffe in Caloura die Nonnen immer mehr das Fürchten kennen, so dass sie schließlich nach
Ponta Delgada in das Convento da Esperança flohen, wo sie mit
der Santo-Cristo-Statue Zuflucht fanden.

Heutzutage erfreut sich die Prozession mit der Büste am vierten
Sonntag im Mai einer so großen Beliebtheit wie nie zuvor. Dass
diese religiöse Gläubensäußerung eigentlich blutrünstigen Piraten
vor so vielen Jahrhunderten zu verdanken ist, sollte man bei der
Bewunderung dieser Attraktion nicht vergessen.

Der immer blühende Rosenstrauch

Im 16. Jahrhundert lebte die Äbtissin Teresa da Anunciada zurückgezogen im Kloster von Esperança, in dem noch heute die Statue
von Senhor Cristo dos Milagres zu sehen ist. Die Nonne verbrachte
ihre Tage damit, zu beten und für eine neue Kapelle Geld zu sammeln.

Einst gab es jedoch ein sehr trockenes Jahr auf der Azoreninsel
São Miguel, und nichts wollte so recht wegen der Regenknappheit
gedeihen. Aufopferungsvoll kümmerte sich Madre Teresa um den
Blumengarten des Klosters, um mit den Rosen, Nelken und Mar-

geriten nicht nur die Statue des verehrten Santo Cristo zu schmücken, sondern auch um den Überschuss zu verkaufen, damit die neue Kapelle für sie weitergebaut werden konnte.

Eines Mittwochmorgens stand die Nonne wie immer frühzeitig auf und wollte einige Rosenstecklinge, die sie am vorangegangenen Sonntag in Wasser gestellt hatte, in die Erde pflanzen. Wie groß war ihr Erstaunen, als sie einen Steckling nicht nur zum Auspflanzen bereit fand, sondern sich an ihm sogar schon eine besonders schöne Blüte entfaltet hatte. Schnell brach sie die Blüte ab und brachte sie zum Santo Cristo, wo sie einen gar lieblichen Duft verströmte. Zur Verzückung aller öffneten sich neben dieser ersten Rosenblüte in wenigen Tagen noch mehr Knospen.

Der Rosenzweig verblühte, als seine Zeit gekommen war, und Madre Teresa starb, als Gott sie zu sich rief. Der Rosenstrauch blüht aber noch immer im friedvollen Garten des Convento da Esperança. Nach wie vor betören die lieblichen Rosen mit ihrem Duft diejenigen, die dem Senhor Santo Cristo dos Milagres ihre Aufwartung machen.

Die weiße Taube

Im Jahr 1673 wütete in der Fastenzeit eine schreckliche Pest auf der Azoreninsel São Miguel, die besonders in der Stadt Ponta Delgada für Schrecken und Verzweiflung sorgte. Der Tod unterschied nicht zwischen arm und reich und schien, wenn er erst einmal Zugang zu einem Haus erhalten hatte, es nicht eher verlassen zu wollen, ehe nicht alle Bewohner zum Friedhof getragen worden waren.

Einige der angesehensten Familien Ponta Delgadas wandten sich schließlich in ihrer Not an einen Wahrsager, namens Lucas, der aus den Sternenkonstellationen das Schicksal der Zukunft ablas. Dieser Wahrsager prophezeite dann, dass es einem unschuldigen Mädchen aus Ponta Delgada mit Gottes Gnade gelingen würde, der Epidemie Einhalt zu gebieten.

Dieses besonders hübsche, aber auch sehr schlichte Mädchen war die zwanzigjährige Cristina de Gusmão, die sich in ein abgelegenes Haus in Capelas geflüchtet hatte, wo sie angstvoll, doch gottergeben ihre Tage damit verbrachte, darum zu beten, dass die Seuche bald ein Ende nähme. Eines Tages erschien während ihres verzweifelten Betens eine rein weiße Taube, von der sie behauptete, dass sie ihr zugurrte, eine Fahne mit einer Taube und den Symbolen der Dreieinigkeit zu nähen und diese durch die Straßen der Stadt zu tragen.

Die einflussreichen Familien von Ponta Delgada hörten auf die Worte des Mädchens und schlossen sich in ihrer Hilflosigkeit zu einer Gesellschaft zusammen, die sich Império dos Nobres nannte. Am ersten Samstag nach Ostern zogen sie mit der ersten Fahne des Heiligen Geistes in ernster Prozession durch Ponta Delgada.

Noch am selben Tag ebbte die Epidemie ab, und selbst die Erkrankten erholten sich zumeist wieder. Aus Dankbarkeit las man am folgenden Montag am Altar von São Roque in der Hauptkirche von Ponta Delgada, der Igreja Matriz, eine Messe. Plötzlich kam durch die offene Kirchentür eine weiße Taube geschwebt, die drei Runden durch das Kircheninnere flog, wobei sie sich dreimal niederließ, auf dem Fries einer Kapelle, auf der Kanzel und auf dem Hochaltar. Nach Abschluss der religiösen Feierlichkeiten glitt sie durch ein Giebelfenster davon, während ihr die Gläubigen ehrfurchtsvoll nachsahen.

Noch heute gedenkt man dieses ehrwürdigen Ereignisses mit einer Messe, und der Pfingstmontag ist als Pascoela, Montag der kleinen Taube, bekannt. Die Taube als Symbol des Heiligen Geistes nimmt im religiösen azoranischen Ausdruck einen unvergleichlichen

Stellenwert ein. Der Pfingstmontag krönt das wichtigste Fest im Kirchenjahr als azoranischer Nationalfeiertag.

Das heilige Vögelchen Lavandeira

Im 15. Jahrhundert begann gerade die Besiedlung der azoreanischen Inseln, als an einem schönen Tag im Juli zwei Frauen, Mutter und Tochter, Teresa und Isabel, in hingebungsvollem Gebet auf einem Friedhof in São Miguel vor einem frisch gesäuberten Grabstein auf den Knien lagen. Ihre Gesichter waren vom Schmerz über das frühzeitige Hinscheiden des geliebten Mannes und Vaters gezeichnet.

Plötzlich ließ sich vor ihnen eine gelbgraue Bachstelze mit wippendem Schwanz nieder und betrachtete aufmerksam die beiden Frauen. Dann neigte sie das kleine Köpfchen und sprach, denn sie war die Verkörperung des Erzengels Michael, des Schutzheilige der größten azoranischen Insel: „Sagt allen Einwohnern, dass ich von Gott ausgewählt wurde, die Mutter Maria und das Jesuskind zu beschützen, indem ich ihre Spuren verwischte, als sie aus Ägypten flohen. Außerdem erinnert die Leute, dass ich auf den Feldern unabkömmlich bin, denn ich befreie das Getreide von Insekten, damit alle genug zu essen haben."

Nach diesem Auftrag wippte das Vögelchen wieder mit seinem Schwanz und flog davon. Erstaunt sahen sich Mutter und Tochter an und eilten dann nach Hause. Umgehend erzählten sie Freunden und Nachbarn von ihrem überraschenden Erlebnis, und da Teresa und Isabel überall mit Respekt bedacht wurden, verbreitete sich die Nachricht schnell.

Während kleinere Singvögel zeitweise sehr beliebte Abwechslungen auf dem azoranischen Speisezettel darstellten, blieb die einheimische Bachstelze, liebevoll Avelinha oder Lavandeira genannt, von der mörderischen Nachstellung erfreulicherweise verschont.

Die Kapelle von Nossa Senhora da Vitória

Ende des 16. Jahrhunderts wurden die Azoren oft von den Angriffen muslimischer Piraten aus Nordafrika heimgesucht. Zu der Zeit schickte der Kommandant der Festung in Angra auf der Insel Terceira seine zwei äußerst ansehnlichen Töchter in das Kloster von Santo André in Vila Franca auf der Insel São Miguel. Dort sollten sie keineswegs als Nonnen den Rest ihres Lebens verbringen, sondern vielmehr die hervorragende Erziehung der weisen Nonne Maria de São Boaventura genießen.

Kurz vor Abschluss ihrer Ausbildung wachte die jüngere Tochter eines Nachts von einem schrecklichen Albtraum auf, in dem sie und ihre Schwester als Sklavinnen auf einem Piratenschiff verschleppt wurden. Die Nonne Boaventura besaß wahrsagerische Fähigkeiten und konnte deshalb das verstörte Mädchen beruhigen, die Mutter Gottes würde die Schwestern sicher nach Angra zurückgeleiten. Außerdem werde nicht das Schiff, sondern Vila Franca von den Piraten angegriffen werden, wobei die Bevölkerung jedoch durch die Hilfe der Nossa Senhora da Vitória gerettet würde.

Am letzten Sonntag vor der Heimfahrt der beiden Schwestern gab es eine große Abschlussfeierlichkeit, bei der sich zwei Piraten unauffällig unter das Volk mischten. Sali und Ibraim stammten aus einer mauretanischen Herrscherfamilie. Sie hatten sich den Piraten nur deshalb angeschlossen, um ihren von kreuzfahrenden Christen getöteten Vater zu rächen. Hochgebildet und der portugiesischen Sprache mächtig, war es unter den Piraten ihre Aufgabe, lukrative Angriffsziele auszuspionieren. Sobald sie jedoch der beiden anmutigen azoranischen Schwestern ansichtig wurden, entbrannten sie in wahrer Leidenschaft zu ihnen. Während ihre Piratenbesatzung nachts ihren Angriff auf Vila Franca plante, waren Sali und Ibraim nur noch von dem Wunsch besessen, die beiden Mädchen wiederzusehen.

Wie so oft fielen die Seeräuber mitten in der Nacht über die Ortschaft her. Der Großteil der Bevölkerung konnte das nackte Leben im unwegsamen Landesinneren in Sicherheit bringen. Auch die Nonnen entkamen mit ihren Schützlingen. Die mauretanischen Piraten plünderten und brandschatzten, während Sali und Ibraim vergeblich nach den zwei von ihnen erspähten Schönheiten suchten.

Als die aus dem Schlaf gerissene Bevölkerung die rücksichtslose Verwüstung beobachtete, überkam sie maßlose Wut. Laut schreiend und Äste schwingend, stürzten sie sich auf die mutwilligen Zerstörer. Diese wollten, schwer beladen, zu ihren Schiffen flüchten, aber inzwischen hatte ein frischer Wind den Wellengang so erhöht, dass die kleinen Boote fortgespült worden waren. Unbarmherzig wütete der Kampf, nur wenige Piraten retteten, sich wagemutig in die Fluten stürzend, das nackte Leben. Sali und Ibraim starben in einer großen Blutlache und sahen nie, wie die beiden Mädchen aus Terceira, die ihre Herzen gestohlen hatten, sicher auf ihre Heimatinsel zurückkehrten.

Die Straße, in der die Bevölkerung aus Freude über den Sieg „Vitória! Vitória!" rief, heißt immer noch Rua da Vitória. An die Kapelle, die aus Dankbarkeit der Mutter Gottes errichtet wurde, erinnert nur noch die Inschrift über einem Hauseingang. Haben Sie es schon entdeckt?

Santa Maria

Die kokette Garrida

Ende des 15. Jahrhunderts kehrte Christoph Columbus von seiner ersten Entdeckungsfahrt in die Neue Welt zurück, die später als Amerika bekannt wurde. Als er in die Gewässer der Azoren kam, brach dort einer der gefürchteten Winterstürme los, die damals wie heute die neun Inseln ganz schön das Fürchten lehren können.

Columbus erkannte sofort, dass er unbedingt in einer sicheren Bucht Anker werfen musste, denn seine Karavelle Ninja wurde auf den Wellenkämmen nur noch wie ein Spielball hin- und hergeworfen. Verzweifelt bemühte sich die Besatzung vor der Insel Santa Maria, in die Bucht von Cré zu gelangen, da sie befürchteten, an der Küste zerschmettert zu werden. Aber die Ankertaue rissen, und die Ninja wurde weiter gegen die Küste gedrängt. Schon befürchtete die Besatzung, ihr letztes Stündchen hätte geschlagen, während die sich auftürmenden Wellen alles von Bord fegten, was nicht niet- und nagelfest war. Selbst die Schiffsglocke, deren Name Garrida war, was so viel wie Koketterie bedeutet, rutschte unhaltbar von Bord und sank auf den Grund der Bucht.

Sobald der Sturm sich gelegt hatte, konnte es Columbus nicht abwarten, Santa Maria zu verlassen – nicht ohne sich vorher auf Kosten der Inselbewohner mit dem notwendigen Schiffsproviant zu, nun ja, versorgen. Aber seine Schiffsglocke, die Koketterie, ließ er für immer zurück. An schönen Sommertagen kann man sie im klaren Wasser von jedem Fischerboot aus deutlich erkennen. Bunte Fische umschwimmen sie schmeichelnd, aber ihr Läuten hört man nie wieder.

Der gefangene Winzer und die Kapelle Nossa Senhora dos Prazeres

Es war zur Zeit der Weinlese auf der Azoreninsel Santa Maria, als ein Winzer sich zur Bewachung seiner Weinstöcke allein im äußersten Winkel der Fajã da Maia aufhielt, um sicher zu gehen, dass so kurz vor der Ernte weder Hunde, noch Ziegen oder gar Diebe über seine Trauben herfielen. Seine Frau und Kinder warteten in ihrem Haus in Calheta auf ihn und schliefen des Nachts nur schlecht, weil sie wohl wussten, wie gefährlich die abgelegene Stelle ihrer Weinstöcke war und wie oft Piraten dort schon an Land gekommen waren.

Im ersten Tageslicht machte sich eine Tochter auf, dem Vater das Essen für den Tag zu bringen. Doch während sie vorsichtig die

Abkürzung zwischen Calheta und der Fajã da Maia heruntereilte, bot sich ihr plötzlich ein entsetzlicher Anblick. Die Weinstöcke waren zerstört, die Kapelle Nossa Senhora dos Prazeres lag verwüstet.

Zunächst blieb das Mädchen vor Schreck stehen, ihr stockte der Atem. Dann ließ sie das Essen achtlos fallen und lief zu der Stelle, wo sie das letzte Mal ihren Vater gesehen hatte. Verzweifelt rief sie seinen Namen, doch dann überkam sie die Gewissheit, dass Piraten ihren Vater überwältigt haben mussten und ihn auf ihrem Schiff entführt hatten, wie dies nur zu oft in Santa Maria vorkam. Als sich die Kunde verbreitete, läuteten die Glocken der vier Nachbargemeinden für das Wohlergehen des armen Mannes.

Fünfzehn Jahre vergingen, und die Familie des Winzers lebte weiterhin kärglich in ihrem bescheidenen Haus in Calheta, ohne je den Schock der Piratenentführung ihres geliebten Mannes und Vaters zu überwinden.

Eines Nachts, zu fortgeschrittener Stunde, schlief die Familie bereits, als es plötzlich an die Haustür donnerte. Die Mutter bat die Jungen, nachzusehen, ob vielleicht ein Nachbar Hilfe benötige. Bereitwillig stiegen die jungen Männer aus ihren Betten und spähten nach draußen. Aufgeregt eilten sie zu ihrer Mutter und flüsterten, dass vor der Tür ein Muslim mit langem Bart und zerzausten

Haaren stünde. Wutentbrannt sprang die Frau aus ihrem Bett und stattete all ihre Kinder mit Besenstielen und Holzscheiten aus. Voller Hass mahnte sie: „Erschlagt ihn! Ich dulde keinen Muslim in der Nähe meines Hauses."

Rachsüchtig schlichen daraufhin alle zur Hintertür hinaus, umstellten die in wallende Gewänder gehüllte Gestalt und begannen, ohne Erbarmen auf den überraschten Fremden einzuschlagen. Vor Schmerz schrie der bereits Überwältigte auf: „Ich bin kein Muslim! Ich bin euer Vater! Frau, erinnerst du dich an das blattförmige Muttermal auf meinem Schulterblatt? Sieh her, hier ist es!"

Vorsichtig näherte sich die misstrauische Frau des Winzers mit einer Kerze und musste voller Erstaunen feststellen, dass die so veränderte Gestalt wirklich ihr Mann war. Überglücklich bemühten sich Frau und Kinder, den geliebten Mann und Vater von den abgetragenen Gewändern zu befreien, ihn vorsichtig zu waschen und seine Wunden zu versorgen.

Als er am nächsten Morgen, ausgeruht, wenn auch noch schwach, von Nachbarn, Freunden und Familie umringt war, hörten alle gespannt zu, was er von der verhängnisvollen Nacht seines Verschwindens zu erzählen hatte. Er war von Piraten überrascht worden, die ihn fesselten und an Bord ihres Schiffes schleppten, während sie alle Trauben raubten, die Kapelle verwüsteten und sogar deren Marienstatue verbrannten. Zunächst verlangten sie von ihrem Gefangenen, dass er sich ihrer Piratenmannschaft anschlösse. Doch er weigerte sich, und so warfen sie ihn kurzerhand in Marokko in einen finsteren Kerker. Nicht lange vermochte der Winzer ihren Foltern standzuhalten und flehte schließlich darum, dass sie ihn doch auf ihrem Piratenschiff mitfahren ließen.

Auf einem ihrer Raubzüge schaukelte das Schiff eines Nachts in der sanften Dünung vor Santa Maria. Der Winzer wollte die günstige Gelegenheit nicht verstreichen lassen und beschloss verzweifelt, endlich aus seiner misslichen Gefangenheit zu entfliehen. Hilfsbereit bot er seinen Kameraden an, die erste Wache zu übernehmen, damit sie in Ruhe schlafen könnten. Nichtsahnend vertrauten die Piraten ihrem gedungenen Gefangenen. Während sie, unbesorgt schnarchend, von den Wellen gewiegt wurden, kletterte der Winzer mit zwei Rudern in einen Zuber, in dem eigentlich Walspeck aufbewahrt wurde, und entkam unbemerkt in der Stille der Nacht.

Während all der Jahre in harter Gefangenschaft hatte der unfreiwillige Pirat sich geschworen, dass, falls es ihm je gelänge, nach Santa Maria zurückzukehren, er barfuß die ganze Insel durchstreifen wolle, um dafür zu sammeln, dass die Kapelle von Nossa Senhora dos Prazeres wieder aufgebaut und eine neue Marienfigur gekauft werden konnte. Kaum war der erschöpfte Heimkehrer einigermaßen zu Kräften gekommen, setzte er sein Versprechen in die Tat um. Aus Dankbarkeit bereitete die Familie für alle Freunde und Nachbarn um die neu erbaute Kapelle ein Fest, von dem man sich noch heute erzählt.

„Bei, Bei"

Besonders im 16. Jahrhundert wurden die Azoren von Piratenangriffen in Angst und Schrecken versetzt. Natürlich litten die kleinen Inseln im Nordwesten und Südosten des azoranischen Archipels besonders unter dieser Bedrohung, da sie durch ihre geographisch exponierten Lagen und geringen Einwohnerzahlen keinen ernst zu nehmenden Widerstand leisten konnten.

Santa Maria, die kleinere der beiden südöstlichen Azoreninseln, bot sich auf der Route der nordafrikanischen Seeräuber als erstes Ziel an. An der südlichen Mittelmeerküste hatten sich nach Zusammenbruch des Osmanischen Reiches kleinere Stammesfürstentümer entwickelt deren Anführer Bei genannt wurden. Sie spezialisierten sich darauf, bis hoch nach Island auf Menschenraub auszufahren, um die Opfer dann entweder als Sklaven zu verkaufen oder gegen Bezahlung auszutauschen.

So wurden von Santa Maria öfters große Teile der Bevölkerung von Piraten fortgeschleppt, bei einer Gelegenheit sogar mehr als die Hälfte. Einige gelangten nach monatelangen Verhandlungen über Lissabon wieder auf ihre Insel, andere beendeten ihr Leben in nordafrikanischer Sklaverei.

Natürlich raubten die Piraten bei diesen Überfällen auch alles Essbare, dessen sie habhaft werden konnten, um ihre Schiffsvorräte aufzufrischen. Und so bescherten die Verwüstungen der Seeräuber allseitig menschliche Verzweiflung und große materielle Not. Deshalb entwickelten die Einwohner Santa Marias ein ausgeklügeltes Warnsystem, um den Angriffen nicht vollständig hilflos ausgeliefert zu bleiben. Sobald ein feindliches Schiff von den hochgelegenen Ausguckstellen gesichtet wurde, bliesen die Wächter in ihre Muschelhörner und riefen aus Leibeskräften: „Der Bei kommt! Der Bei kommt!" Daraufhin rafften alle Inselbewohner ihr wertvolles Hab und Gut in kürzester Zeit zusammen und versteckten sich damit in die entlegensten Höhlen und Schluchten, in der Hoffnung, dort nicht gefunden zu werden.

Die Beis kamen mit ihren Piraten und gingen dann wieder. Die Zeit der Seeräuberbedrohung lebt jedoch in den Erzählungen bis heute fort. Der Ausruf „Bei" wird auch jetzt noch als Ausdruck ehrfurchtsvollen Schrecks verwendet. In den langen Winternächten, wenn die ungezähmten Atlantikstürme die Wellen auch heute noch an der Küste aufbäumen lassen und der Wind voller Wut alles ins Wasser zu fegen droht, kauerten die Einwohner Santa Marias früher schutzsuchend um ihre wärmenden Herdfeuer und flüstern eingeschüchtert: „Bei, Bei, Bei."

Doch auch an ruhigen Sommertagen, wenn ein unvorsichtiger Besucher sich von der kühlenden Meeresbrise so lange an der Nase herumführen lässt, bis die Sonne diese und den Rest des Gesichtes in einen blutroten Sonnenbrand verwandelt, wird der freundliche Inselapotheker hilfreich eine mildernde Salbe über den Tresen schieben und dabei mitleidig kopfschüttelnd „Bei,Bei,Bei" vor sich hinmurmeln.

Das unverdiente Vesperbrot

Vor langer Zeit wohnte in Vila do Porto auf der Azoreninsel Santa Maria ein Fischerehepaar mit seinen drei Söhnen. Sie waren sehr arm und lebten in einem Haus mit einem Strohdach gleich neben der Kirche in der Straße, die heute nach António Coelho benannt ist.

Die Familie lebte sehr zurückgezogen ihr eigenes Leben und störte ihre Nachbarn weiter nicht. Diese waren jedoch wenig davon angetan, dass die Familie, die ausschließlich durch Fischfang ihren Lebensunterhalt bestritt, weder Sonn- noch Feiertage heiligte, sondern ununterbrochen, Tag für Tag, von morgens bis abends aufs Meer hinausfuhr.

Eines Tages, in der Fastenzeit, konnten die Nachbarn nicht umhin, die Familie zu fragen, ob sie nicht an den Osterfeierlichkeiten teilnehmen wollte. Aufgebracht erwiderte der eine Sohn, dass sie es sich nicht leisten könnten, Zeit zu verschwenden, und außerdem hätte das Breitsitzen des Hinterns auf der Kirchenbank noch nie einen Magen gefüllt.

Betreten zogen sich die Nachbarn wieder zurück und ließen die Familie gewähren. Ihre seltenen Ruhetage verbrachte diese gewöhnlich damit, an der Küste nach Entenmuscheln zu suchen, um das Vesperbrot mit ein wenig Abwechslung aufzulockern. Besorgt beobachteten die Nachbarn, wie die Eltern und die Jungen selbst am Gründonnerstag frühmorgens mit ihren geflochtenen Weidenkörben aufbrachen, um dieser Freizeitbeschäftigung nachzugehen. Dabei lässt sich normalerweise an diesem Tag aus Glaube oder Aberglaube kein azoranischer Fischer in der Nähe der Küste blicken.

An dem besagten Gründonnerstagmorgen herrschte Ebbe, und das Meer lag glatt und ruhig da. Natürlich beobachtete der Vater aufmerksam das Spektakel der Sturmvögel, wie sie frühzeitig zu ihren Nestern in der felsigen Klippenwand zurückgekehrt waren, denn er wusste, dass dies ein sicheres Zeichen für einen Sturm über dem offenen Meer war. Trotzdem kletterten die fünf unverzagt weiter über die Steine zum Meer hinunter, und je tiefer sie kamen, umso dickere wohlschmeckende Entenmuscheln fanden sie.

Ohne jede Vorwarnung näherten sich plötzlich lange Wellenkämme der Küste. Weil die Familie am Gründonnerstag alleine an der Küste war, konnte sie keiner warnen. Als die fünf das Wasser hörten, war es bereits zu spät. Unbarmherzig trug gleich die erste Welle sie aufs mächtige Meer hinaus. Niemand hörte ihre Rufe, keiner sah ihre verzweifelten Gesten.

Als die Nachbarn abends von der Messe nach Hause kamen, brannte im strohbedeckten Fischerhaus kein Licht. Böses ahnend, eilten sie zum Klippenrand. Gerade ging die Sonne im Meer unter. Dort, wo sie untertauchte, konnte man in der Entfernung fünf Körper treiben sehen. Bestürzt sahen sich die Nachbarn an und begriffen, dass es sich um die Leichen der Fischerfamilie handeln musste. Es wurde ihnen klar, dass, ohne den Feiertag zu heiligen, die arme Familie auch nicht ihr Vesperbrot verdiente.

Seitdem wird dieser Küstenstreifen bis heute Ponta da Malmerenda, Ort des unverdienten Vesperbrotes, genannt. Das Sammeln der begehrten Entenmuscheln fordert leider bis heute jedes Jahr zahlreiche Todesopfer.

Die Grotte des Heiligen Christus

Eines kühlen Herbsttages benötigte eine alte Frau aus Vila do Porto auf der Azoreninsel Santa Maria Feuerholz. Wie üblich, ging sie zum Strand von Calhau do Peixe und sammelte dort das Treibholz, das der Ozean angeschwemmt hatte, und Holzreste, die einige Männer von ihrer Bootsreparatur zurückgelassen hatten.

Zuhause benutzte sie das Fundholz umgehend, um mit ein wenig Wärme die atlantische Feuchtigkeit zu vertreiben. Gerade hatte sie sich gemütlich zurechtgesetzt, als ein Scheit protestierend zu knistern begann. Erschrocken fuhr sie hoch und sah, wie es einfach aus der offenen Herdtür rutschte, sobald die Flammen an ihm zu lecken begannen.

Neugierig hob sie das Holzstück auf und besah es sich. Bei näherer Betrachtung schien es ihr einem kleinen Arm nicht unähnlich. Da sich die alte Frau keinen Rat wusste, eilte sie schnurstracks zum Priester und zeigte ihm ihren Fund. Der Priester war jedoch an demselben Morgen bereits früh aus dem Bett geholt worden, weil ihm Fischer ein Holzkreuz mit einer Christusfigur brachten, das sie in einer Grotte in der Klippwand entdeckt hatten, während sie Muränen geangelt hatten. Seltsamerweise fehlte der Christusfigur ein Arm, und als der Priester nun das Holzstück der alten Frau an das Kruzifix hielt, stellte es sich als das fehlende Körperglied heraus.

Man muss bedenken, dass der Anfang des 18. Jahrhunderts unter dem Einfluss eines ausgeprägten religiösen Sozialdrucks stand, und so wurde dieser Zufall der zwei Funde als Wunder gedeutet. Mit großer Ernsthaftigkeit trug die Gemeinde das vervollständigte Christuskreuz in einer großen Prozession zur Kirche, der Igreja da Misericórdia. Jahre später wechselte es in die Igreja do Senhor dos Passos über, wo man noch heute deutlich erkennen kann, dass der linke Arm der Christusfigur angeleimt sein muss.

Die Grotte, in der das Kreuz gefunden wurde, ist seit diesem Ereignis als Furna de Santo Cristo, Grotte des Heiligen Christus, bekannt. Muränen werden dort immer noch gefangen, ein Christuskreuz hat man jedoch nie wieder dort gefunden.

Die Nixe von Praia

In dem Ort Praia auf Santa Maria, einer der beiden südöstlichen Azoreninseln, lebte einmal nahe am Meer ein Fischer mit seinem erwachsenen Sohn. Wenn sie in hellen Vollmondnächten vor ihrer Haustür saßen, hörten sie manchmal wunderschöne Melodien zu ihnen empor klingen. Neugierig wollte der junge Mann wissen, wem diese lieblichen Stimmen gehörten. Sein Vater sah ihn dann stets ernst an und erklärte, dass man sich vor den Meerjungfrauen sehr hüten müsse, da ihr betörender Gesang die Männer verzaubere und in die Tiefe des Meeres ziehe. Natürlich ließ diese süße Gefahr den jungen Fischer von da an stets von Nixen träumen.

In einer klaren Vollmondnacht, in der das Meer wieder einmal wie flüssiges Silber schimmerte, schlug der Sohn des Vaters Warnung wagemutig in den Wind, und er begab sich zum Strand auf der Suche nach Meerjungfrauen. Vorsichtig versteckte er sich hinter einem Felsen und wartete stundenlang. Die lockenden Weisen betörten seine Sinne, aber er sah nichts. Schließlich erfüllte unbegreifliche Sehnsucht sein Herz, und verzweifelt beschwor er die Unbekannten: „Meerjungfrauen meines Schicksals, quält mich nicht zu Tode!"

Kaum hatte er die flehenden Worte gesprochen, da entstiegen dem Meer rein weiße Gestalten, deren Körper unerwartet in Fischschwänzen endeten. Ihre langen roten Haare leuchteten auf der alabasterweißen Haut der Nixen, während sie mit graziösen Bewegungen zu ihrem liebreizenden Gesang tanzten. Der junge Fischer wurde durch den Anblick so verzückt, dass er hinter seinem Felsen hervortrat und auf die Meerjungfrauen zulief. Vor Schreck glitten diese blitzschnell in die Fluten zurück. Nur eine entkam nicht schnell genug, und als der junge Fischer sie in den Armen hielt, fing sie bitterlich an zu weinen und flehte ihn an, ihr die Freiheit zu geben.

Der junge Mann war jedoch so verzaubert von der Nixe, dass er abermals eine Beschwörungsformel flüsterte und die Meerjungfrau auf den Nacken küsste. Wie erfreut war er, als plötzlich ihr Fischschwanz abfiel, und er eine wunderschöne Frau in den Armen hielt.

Er konnte sein Glück kaum fassen und führte sie umgehend nach Hause. Bald waren sie glücklich verheiratet und gründeten eine große Familie in Almagreira.

Noch heute leben die Nachkommen dieser Nixe über die ganze Insel verstreut. Wie wunderhübsch sie einst gewesen sein muss, beweisen die jungen Mädchen mit der alabasterweißen Haut und den leuchtend roten Haaren, die man in Almagreira trifft.

Weizen für eine verzauberte Insel

Vor vielen, vielen Jahren fuhr ein mit Weizen beladenes Schiff südlich an Santa Maria vorbei. Plötzlich sahen die Seeleute einen königlich aussehenden Reiter auf einem weißen Pferd über das Wasser auf sich zu galoppieren. Die hartgesottene Schiffsbesatzung war sprachlos vor Erstaunen, aber der Reiter zügelte lediglich sein schnaubendes Ross und bat ohne Umschweife, ein paar Säcke Weizen von der Ladung abkaufen zu dürfen.

Der Kapitän war so verblüfft von dieser unerwarteten Erscheinung, dass er nur fragte, wo er den Weizen denn hintun solle. Der edle Reitersmann wies aufs Meer und erklärte, dass ihre Scheune dort sei. Daraufhin lud er den Kapitän ein, sich hinter ihm auf sein Pferd zu schwingen, um sich seine Bezahlung abzuholen.

Wie im Traum tat der Kapitän, wie ihm befohlen, und schon fand er sich in einer wunderschönen Stadt wieder, die anscheinend direkt unter seinem Schiff lag, denn der Schiffsanker ruhte auf dem

Kirchplatz. Erstaunt beobachtete er, wie das Getreide ordentlich durch Rinnen in die Scheune floss. Schon folgte er dem adeligen Herrn in dessen prunkvolles Haus und traf dort das bezauberndste Mädchen, das er je gesehen hatte. Sie wurde ihm als Tochter des geheimnisvollen Fremden vorgestellt, und Hals über Kopf verliebte sich der ungehobelte Seemann in die vornehme junge Frau, was seinem Gastgeber nicht entging.

Herausfordernd wandte der sich an seinen Besucher und stellte ihn vor die Wahl: „Kapitän, es liegt bei Ihnen. Möchten Sie das Geld für den Weizen und zum Schiff zurückkehren, oder ziehen Sie es vor, meine Tochter zu heiraten? Durch eine Heirat würde unsere Insel, auf der wir schon seit vielen Jahren leben, endlich von ihrem Zauberbann befreit."

Der Kapitän war bis über beide Ohren in die entzückende Tochter verliebt, aber er besann sich auch darauf, dass er für seine Besatzung und Fracht verantwortlich war. Deshalb antwortete er: „Mein größter Wunsch ist es, Eure Tochter zu ehelichen, aber erst muss ich meine Weizenladung abliefern."

Damit verabschiedete er sich, und das Pferd brachte ihn zu seinem Schiff zurück. Pflichtbewusst überbrachte er seine Weizenladung und kehrt dann umgehend zu der Stelle zurück, wo er den edlen Reiter getroffen zu haben meinte. Aber all sein Suchen half ihm nichts, er konnte die verwunschene Insel nicht wiederfinden. Noch oft brachten ihn seine Fahrten in diese Gegend, doch die bezaubernde junge Frau in der wunderschönen Stadt blieb ihm für ewig verborgen.

Und so lebt nach all diesen Jahren der unglückliche König Don Sebastião immer noch verzaubert auf dem Meeresgrund. Man weiß nur nicht, wo.

Terceira

Eine Geschichte über Nossa Senhora do Livramento, Maria der Befreiung

Einst verschleppten von der Azoreninsel Terceira nordafrikanische Piraten einen Mann, der ein besonders gläubiger Anhänger von Nossa Senhora do Livramento, Maria der Befreiung, war. Natürlich konnte er in muslemischer Sklaverei seinen christlichen Glauben nicht öffentlich bezeugen. Tagsüber musste er im Soldatendienst hart arbeiten. Doch nach einiger Zeit gelang es ihm, sich nachts davonzuschleichen und mit anderen versklavten Christen zu treffen. Sie beteten und feierten die christlichen Festtage zusammen, bis der muslemische Sklavenbesitzer eines Tages von den nächtlichen Ausbrüchen seines Sklaven erfuhr.

Wutentbrannt ließ er seinen azoranischen Soldaten nachts in eine große Kiste sperren. Doch zu seinem Ärger mischte sich Erstaunen, als er feststellen musste, dass der religiöse Anhänger von Nossa Senhora do Livramento trotz aller Sicherheitsmaßnahmen aus seiner Kiste entkam und die Treffen mit seinen Glaubensbrüdern fortsetzte. Nun befahl er einem bewaffneten Wächter, sich in der darauf folgenden Nacht auf die verschlossene Kiste zu legen, so dass dieser, selbst wenn er einschliefe, jeden eventuellen, wenn auch unwahrscheinlichen Fluchtversuch sofort bemerken würde. Mitten in der Nacht erwachte der Wächter und fand den Gefangenen trotz aller Vorsichtsmaßnahmen kniend vor seiner Kiste beten.

Über das Schicksal des gläubigen Soldaten ist sonst nichts weiter bekannt. In Angra gab es jedoch in der Kirche Nossa Senhora do Livramento eine Skulptur von einem auf einer Kiste liegenden Soldaten mit einem knienden Christus davor. Leider wurde die Kirche 1980 bei einem schweren Erdbeben vollständig zerstört, und die Skulptur war nachher nicht mehr aufzufinden.

Die Legende von Santo Amaro in Ribeirinha

Vor vielen Jahren gingen, wie üblich, einige Männer zur Küste, um zu fischen. Sie waren aus dem Fischerort Riberinha auf der Insel Terceira, die zur Zentralgruppe des azoranischen Archipels gehört. Bedacht warfen sie ihre Leinen aus und warteten dann geduldig, ob nicht hier oder dort ein Fisch anbeißen würde, als sie auf einmal sahen, dass die Wellen eine Kiste zwischen den Steinen hin und her rollten.

Neugierig zogen sie den überraschenden Fund an Land und öffneten ihn. Zu ihrem größten Erstaunen fanden sie eine Statue von Santo Amaro unversehrt darin liegend. Schnell sammelten sie ihr Fischzeug zusammen und trugen die Kiste geradewegs zur Kirche.

Als am nächsten Tag der erfreute Priester vor der Statue die Messe lesen wollte, war zur größten Verwunderung aller der Santo Amaro verschwunden. Die ganze Gemeinde zog aus, den Heiligen zu suchen, und schließlich entdeckten sie ihn in einer Felsnische an der Küste, nahe der Stelle, wo er angeschwemmt worden war.

Eifrig wurde die Statue zur Kirche wieder zurückgetragen, aber am nächsten Morgen befand sie sich abermals in der Felsnische. Eindeutig wollten einige Anwohner gehört haben, wie die Statue das trockene Flussbett hinuntergepoltert war. Tia Eugénia da Cruz, eine ältliche Jungfer, die an der Wegkreuzung wohnte und nicht genug Geld besaß, um bei Dunkelheit ihr Haus mit einer Olivenöllampe zu erhellen, nutzte auf ihrem Balkon immer den Mondschein zum Spinnen aus. Steif und fest behauptete sie, dass sie beobachtet habe, wie der Santo Amaro Nacht für Nacht aus der Kirche entfloh. Eifrig erzählte sie, dass sie den Heiligen endlich gefragt habe, warum er es nicht in der Gesellschaft der anderen respektablen Heiligenfiguren aushielte. Santo Amaro habe darauf entschlossen seinen Kopf geschüttelt und erklärt, dass die Kirche das

Haus des heiligen Fischer Petrus sei, der dann Papst wurde. Er jedoch, Santo Amaro, sei ein einfacher Mönch gewesen, und deshalb ziehe er es vor, in einer kleinen Kapelle am Meer sein Dasein zu fristen.

Der Priester und die Gemeinde hatten ein Einsehen und erbauten eine Kapelle genau dort, wo der heilige Amaro zu bleiben wünschte. Noch heute pilgern die Leute an seinem Namenstag dort hin und bringen Opfergaben dar. Viele Wunder soll er bereits vollbracht haben und so erhält er Alfenim in Form von Beinen, Armen oder anderen Wunscherfüllungen.

Alfenim ist übrigens eine kunstvolle Art der Zuckeraufbewahrung. Da noch vor einigen Jahrhunderten diese kostbare Speisezutat in dem feuchten Meeresklima ohne moderne technische Hilfsmittel und besonders auch beim Transport schnell geschmolzen oder auch sonst verdorben wäre, wurde der Zucker unter geringer Zugabe von Essig zu einer festen Masse verarbeitet, die lange hart und haltbar blieb. Da Zucker ein wehrvoller Nahrungsstoff war, bot und bietet er sich auch heute noch in künstlerischen Formen sowohl als Opfergabe als auch als achtbares Geschenk an. In Cafés können Besucher Alfenim in unterschiedlichen Formen und Größen kaufen und noch lange nach der Rückkehr aus dem Urlaub ihre Freude an dem traditionsreichen Mitbringsel haben.

Die Jesusfigur des königlichen Schutzes

Es war an einem dieser nebeligen, feuchten Dezembernachmittage, an denen es in den Azoren schon früh auf die Nacht zugeht, irgendwann am Ende des 16. Jahrhunderts. In dem Ort Praia auf der Insel Terceira bereiteten die Nonnen des Jesusordens die Weihnachtsfeierlichkeiten vor, als es an der Klosterpforte klopfte und ein altes Mütterlein um Brot bat, für das sie eine kleine Jesusfigur zum Tausch anbot.

Die Nonnen luden die gebrechliche Alte herzlich ein, an ihrem üppigen Festmahl teilzunehmen. Nachher überließen sie ihr eine Zelle für eine erholsame Nachtruhe, und dann schliefen alle bis in die späten Morgenstunden. Als die Nonnen nachsehen wollten, wie die alte Frau die Nacht überstanden hatte, fanden sie ihre Zelle leer und das Bett mit duftenden Rosenblütenblättern überstreut. Neugierig stellten die Ordensfrauen in der Bevölkerung Nachforschungen an, ob irgendjemand das zarte Mütterchen gesehen hätte. Doch niemand hatte von ihr gehört oder sie gar gesehen. Also folgerten die Nonnen, dass die Mutter Maria bei ihnen über Weihnachten Unterschlupf gesucht hatte und dabei die Jesusfigur als Geschenk hinterlassen hatte.

Ehrfurchtsvoll richteten sie der Statue ihre eigene Kapelle ein, und von dort bewirkte sie viele Wunder, unter anderem auch für die kleine Prinzessin von König Pedro II, die am 6. Januar in überaus zarter Konstitution geboren wurde. Die königliche Familie richtete daraufhin jedes Jahr am Geburtstag der kleinen Prinzessin ein opulentes Fest aus, zu dem die gesamte Bevölkerung von Terceira zusammenströmte.

Später wurde die Jesusfigur in eine getriebene Silberwiege gebettet und in die Hauptkirche von Praia umgesiedelt. Wegen der hohen Achtung, die sie von Seiten der Königsfamilie erhielt, nannte man die Figur Menino Jesus da Real Protecção, Jesuskind des königlichen Schutzes.

Maria und die sonnigen Samstage in Terceira

Die Redensart in Terceira „Es gibt keinen Samstag ohne Sonne, keinen Sonntag ohne Messe und keinen Montag ohne Schlendrian." hat, wie zu erwarten, eine religiöse Erklärung, um diese Lebensweise zu rechtfertigen.

Jesus Mutter Maria war arm und hatte für ihren Sohn nur eine Bekleidungsausstattung. Natürlich wollte sie ihn am Sonntag nicht vollkommen verschmutzt zur Kirche gehen lassen. Also bat sie den

Herrgott um gutes Wetter am Samstag, wusch schnell die Kleidungsstücke und hängte sie zum Trocknen auf. Der Herrgott hatte ein Einsehen und ließ die Sonne fröhlich vom Himmel scheinen. So konnten am Sonntag alle mit strahlend sauberen Kleidern zum Gottesdienst gehen, wonach am Montag selbst der kleine Jesus sein Zeug beim Spiel leider wieder vollzudrecken begann.

Noch heute ist es in Terceira Tradition, samstags zu waschen und zu putzen und darauf zu hoffen, dass der Herrgott ein Einsehen mit den geplagten Hausfrauen und Müttern hat und die Sonne scheinen lässt. (Die Übersetzerin hat sich dem Lebensstil weitgehend angepasst, ihr ist nur der Schlendrian am Montag versagt – der Fluch des Fortschritts?)

Die Einsiedelei von Nossa Senhora dos Milagres in Serreta

Am Ende des 16. Jahrhunderts lebte auf der Azoreninsel Terceira ein gar frommer Priester, der, wegen einer Ungerechtigkeit bitterlich enttäuscht, beschloss, den Menschen und der Welt schlechthin den Rücken zu kehren. Er ergriff seinen Pilgerstab und eine kleine Marienfigur und begab sich auf Wanderschaft. Schließlich entdeckte er auf der Westseite der Insel einen Ort, wo nur der Wind den Bäumen „gute Nacht" zuraunte und die Nebel ihr stillschweigendes Unwesen trieben.

Unter vielen Mühen baute er eigenhändig eine bescheidene Einsiedelei, in der er und die kleine Marienstatue vor den widrigen Wetterelementen Schutz fanden. Es gab in der kargen Landschaft nicht viel zu essen, denn nicht einmal Wildtiere verirrten sich leicht dorthin, und so litt er oft Hunger. Doch die Natur gewährte ihm immer sein Auskommen, und so lebte er in Frieden mit seinem Gewissen in der Stille der Einsamkeit und betete zu den Füßen der Marienstatue, bis er altersschwach verstarb.

Nach dem Tod des Priesters verfiel die Einsiedelei schnell und wurde durch ein weiter entfernt errichtetes Gebäude ersetzt. Pilgerströme drängten zu der neuen Stätte, doch bald verlor sie durch respektloses Treiben ihre würdevolle Ausstrahlung. Daraufhin brachte man die Marienstatue in die Dorfkirche von Doze Ribeiras, wo sie erstaunliche Wunder bewirkte. Eine Bruderschaft gründete sich, die sich *Escravos da Senhora* nennt, also Sklaven Marias. Sie organisierte den Wiederaufbau der ursprünglichen Einsiedelei, und heutzutage findet man die Marienfigur in der Dorfkirche von Serreta.

Jedes Jahr wandern die Pilger von allen Teilen Terceiras Anfang September zu dem Wallfahrtsort, in der Nossa Senhora dos Milagres eine würdevolle Bleibe gefunden hat. Sportliche Fitness und Volksfestcharakter vermischen sich mit religiöser Vertiefung. Aus

den Häusern bieten am Straßenrand unternehmensfreudige Insel-
bewohner alle Arten selbstgekochter Nahrungsmittel an. Das Rote
Kreuz versorgt an einem Wochenende mehr mit Blasen übersäte
Füße als im ganzen restlichen Jahr. Aber am Ende steht die Tür zur
Wallfahrtskirche weit offen. Und genau gegenüber steigt der Duft
frisch gebackenen Wurstbrots in die Nase des hungrigen Pilgers.
Zufrieden kann er sein mit seiner Leistung – abgenommen hat er
bestimmt nicht.

Die Legende der kleinen Meeresteufelchen

In der katholischen Kirche ist der 28. Oktober der Namenstag des
Heiligen Simon und des Heiligen Judas, und die Einwohner der
Azoreninseln in der Mitte des nördlichen Atlantiks sind davon
überzeugt, dass in dieser Nacht die Meeresteufel Landgang haben.
Deshalb verriegeln sich die Einwohner früh in ihren Häusern - allerdings erst, nachdem sie ihr Essen mit gehörig Knoblauch und
Gallapfel verspeist haben. Mit einer Knoblauchzehe reiben sie ein
duftendes Kreuz an die Haustür, und kein Fischer wäre so tollkühn,
in dieser Nacht aufs Meer hinauszufahren. Aus Erfahrung wissen
die Azoraner, dass die Meeresteufel sich mit den Stürmen zusam-
mentun, die die Winde anheizen und die Wellen hochpeitschen,

bis sie das Land zu verschlingen drohen. Alle haben irgendwann miterlebt, wie in den Nächten des 28. Oktobers und des 2. Februars die entfesselten Wesen der Unterwelt ihr gewaltsames Spiel besonders wild treiben.

Im Allgemeinen lassen in diesen Nächten lauernder Gefahr alle weise Vorsicht walten, aber einst entschied sich ein Mann von der Insel Terceira aus nackter Notwendigkeit oder vielleicht einfach, weil er dickköpfig war, den Elementen zu trotzen und in offener Verachtung aller Traditionsweisheit fischen zu gehen. Natürlich fand er sonst niemanden, der ihn begleiten wollte. Also aß er zur Vorsorge den bewährten Knoblauch und hängte sich noch ein paar Zehen über die Schulter. Dann machte er sich auf den Weg zum Hafen. Er stieß sein Boot in das brodelnde Wasser und steuerte beherzt aufs offene Meer.

Allerdings musste er bald feststellen, dass an Fischfang nicht zu denken war. Schon begann er seinen Starrsinn zu bereuen. Die Nacht war pechschwarz, die Wellen donnerten an die Bootsplanken, und die Fische schienen sich alle auf den Meeresgrund verzogen zu haben.

Plötzlich vernahm der Mann ganz klar und deutlich eine Stimme in seinem Rücken: „Nun, was ist? Willst du den Mann nicht ins

Wasser stürzen?" Erschrocken fuhr der Fischer zusammen. Da antwortete enttäuscht eine zweite Stimme: „Ach, das kann ich leider nicht. Der Mann hat Knoblauch mit Gallapfel gegessen, und ein paar Reste baumeln ihm noch über die Schulter."

Der Fischer verstand sofort, dass in der tosenden Finsternis zwei Meeresteufel über sein Schicksal beratschlagten. Zu Tode erschrocken, ruderte er, so schnell er nur eben konnte, zur Küste zurück. Reumütig schwor er, sich in keiner der beiden gefürchteten Nächte je wieder aufs Meer hinauszuwagen, und kleinlaut musste er eingestehen, dass die altehrwürdig überlieferte Warnung wohl doch Recht hatte: Am Tage des Heiligen Simon verschließe das Boot hinter dem Tor. Gesunder Menschenverstand hat mit dieser Warnung bei dem zu der Jahreszeit vorherrschenden Wetter keine Interpretationsprobleme.

Wie der Fischerort Porto Judeu seinen Namen erhielt

Es war vor ungefähr 500 Jahren, als eine portugiesische Karavelle neue Siedler zu der Azoreninsel Terceira brachte. Aufmerksam hielten die Seeleute nach einem geeigneten Ankerplatz Ausschau und entdeckten schließlich eine Bucht, die sich als natürlicher Hafen anbot. Beim Ausschiffen schaukelten die kleinen Boote beängstigend hoch und runter und erschwerten es den bereits seemüden Passagieren, so schnell an Land zu gehen, wie sie es sich seit Tagen ersehnt hatten.

Einzeln wagten sie es letztlich, den mutigen Sprung auf den Strand zu bewältigen. Doch einen Juden kostete es sichtlich mehr Überwindung als seine Gefährten. Er zögerte und haderte, bis schließlich einem Seemann der Geduldsfaden riss und er den Zaudernden andonnerte: „Jetzt spring endlich, sonst springe ich!" Der Jude schloss verzweifelt seine Augen, nahm all seinen Mut zusammen und rief mit verzweifelter Entschlossenheit: „Wenn ich spring, ist der Hafen mein!" Einige lachten, der Jude sprang, und die Ausschiffung konnte fortgesetzt werden.

Wegen der günstigen natürlichen Lage wurde an dieser Stelle tatsächlich ein Hafen angelegt. Rundherum erwuchs eine stattliche Ansiedlung mit meist kleinen Fischerhäusern. Weder der Hafen, noch die Ansiedlung gehörten je dem Juden, der sich so bei der Landung gefürchtet hatte. Doch sein von ihm derartig dramatisierter Landsprung wurde noch lange unter Gelächter und Spott weitererzählt. So erinnert noch heute der Ortsname an die ungewöhnliche, wenn auch belanglose Episode bei seiner ursprünglichen Besiedlung. Der Jude erhielt den Einfluss, den er erstrebt hatte, wenn auch nur durch die Macht des Wortes.

Die Tragödie von Má Marenda auf Terceira

Am Anfang des 16. Jahrhunderts lebte auf der Zentralgruppeninsel Terceira ein Adeliger, dessen Namen wir besser vergessen werden. Er hatte eine gar liebliche Tochter, die sich unsterblich in einen jungen Handwerksburschen verliebte, obwohl ihr Vater für sie eine Heirat mit einem wohlhabenden alten Mann arrangiert hatte.

Der junge Bursche entschied sich, zur See zu fahren, um erst einmal ein kleines Vermögen zusammenzuarbeiten, auf dass ihm sein zukünftiger Schwiegervater dadurch günstiger gesonnen wäre. Dieser versuchte stattdessen, die Abwesenheit des jungen Mannes zu nutzen, um seine Tochter in die von ihm geplante Heirat zu zwingen. Hartnäckig und standhaft weigerte sich das sonst so wohlerzogene Mädchen, so dass der erboste Vater sie schließlich zur Strafe in ein Fort auf der Landzunge in Praia verbannte. Um ihren Willen zu brechen, wurden ihr nur Wasser und Brot zugestanden.

Die Tochter aus gutem Haus überstand diese harte Bestrafung gar nicht gut und erkrankte bald ernsthaft. Als sie den Tod nahen fühlte, bat sie, dort begraben zu werden, wo sie ihre letzten Leidenstage hatte verbringen müssen.

Dieser Wunsch wurde ihr gestattet, und bald nach ihrem Ableben kehrte der junge Seefahrer mit einer ansehnlichen Ausstattung zurück, nur um zu erfahren, dass seine Geliebte kurz zuvor gestorben war. Des Lebens überdrüssig, verschenkte er seinen angesammelten Reichtum und trat in ein Kloster ein. Doch der bittere Verlust und die dumpfen Klosterzellen brachen seinen letzten Lebensmut und er siechte schnell dahin.

Seinem letzten Wunsch, neben der von ihm geliebten Adeligen bestattet zu werden, wurde stattgegeben. Und wenn das Meer während der wilden Winterstürme um die Landzunge tobt, hört man die beiden Liebenden ihr tragisches Schicksal laut bejammern. An lieblichen Sommertagen flüstern sie einem seufzend ihr Leid ins Ohr, dort draußen auf der Landzunge von Má Marenda, dem dürftigen Abendmahl.

Die Legende des Lagoa do Negro

Während der aufblühenden Siedlerzeit der Azoren war Portugal darauf bedacht, maßgeblich den Sklavenhandel über den Atlantik zu kontrollieren. Und so besaß auch eine wohlhabende Gutsherrenfamilie in Terceira ihre damals respektable Anzahl von Sklaven.

Für die einzige Tochter eines Gutsherrn wurde eine standesgemäße Heirat arrangiert, deren einziger Zweck es war, das beidseitige Vermögen zu vermehren. Niemand kam auf die Idee, das Mädchen nach ihren Neigungen zu befragen oder sich darum zu kümmern, ob sie in dieser Ehe ihr Glück fand oder in die Verzweiflung getrieben wurde. Dem Mädchen selbst kam es nie in den Sinn, diese Vereinbarungen zu hinterfragen, denn sie war in dieser Tradition erzogen worden. Sie fügte sich stumm in ihr Schicksal und gehorchte in stiller Ergebenheit ihrem angetrauten Mann.

Während also zu der Zeit selbst die Gefühle einer hochwohlgeborenen Frau absolut unbeachtet blieben, wurden die Sklaven nicht einmal als Menschen anerkannt, und Gefühle irgendwelcher Art standen ihnen schon gar nicht zu. Doch gerade zwischen dieser Tochter hochwohlgeborenen Standes und einem ihrer Sklaven entbrannte eine Liebe, wie sie von beiden nicht für möglich gehalten worden war.

An manchen Nachmittagen wandelte die junge Frau durch den Garten ihres Herrenhauses, blickte aufs Meer und sang leise herzerweichende Liebeslieder. An anderen Nachmittagen vermeinte sie an der traurigen Aussichtslosigkeit ihrer Situation zu ersticken. Wenn sie sich dann tief über ihre Sticksachen beugte, rannen Tränen über ihre Wangen und durchnässten das feine Leinen. Der

Sklave sah seine Geliebte wohl leiden und vermochte doch nichts zu tun, um ihr zu helfen. Eine Hausangestellte durchschaute das zarte Verhältnis der sich Liebenden und hinterbrachte die Entdeckung umgehend ihrem empörten Herrn.

Der Sklave hatte sich inzwischen eingestehen müssen, dass sein Verhältnis zu seiner Herrin untragbar und aussichtslos war. Um ihr weitere Herzensnöte zu ersparen, entschloss er sich, zu fliehen und, wenn möglich, die Insel zu verlassen. Kaum hatte er jedoch das Anwesen verlassen, hörte er die berittenen Knechte seines Herrn mit den Hunden hinter ihm her hetzen. Sofort ahnte er den Verrat seiner verbotenen Liebe und lief, so schnell er konnte, in das unwegsame Landesinnere.

Einen Tag und eine Nacht flüchtete er über Hügel und durch Täler. In der Ferne hörte er seine Verfolger ihm hartnäckig auf den Fersen. Total entkräftet, sank er schließlich auf seine Knie. Ihm fehlte jede Hoffnung, und Tränen quollen ihm aus den Augen, bis sie einen kleinen Teich gebildet hatten. Als er die Reiter mit den Hunden die letzte Anhöhe erklimmen sah, stürzte er sich in das Wasser vor ihm und ertrank, bevor ihn seine Verfolger erreichen konnten.

Friedlich ruht der See auch heute noch in einer Landschaft ergreifender Schönheit. Sein dunkles Wasser lässt die Insel Terceira das erschütternde Schicksal dieser tragischen Liebe niemals vergessen.

Heduviges Traum

Einst lebte auf der Azoreninsel Terceira ein hübsches blondes Mädchen flandrischer Abstammung namens Heduvige, die mit ihren blauen Augen so manchen jungen Mann betörte. Ihr Vater war ein erfolgreicher Kaufmann, der von König Sebastião das Monopol für die in den Azoren wachsenden Färbepflanzen Urzela und Pastel, eine Flechte und Färbewaid, erhalten hatte, die in England im 16. Jahrhundert für die Textilindustrie sehr wichtig waren. Außerdem handelte Heduviges Vater mit kostbaren Gewürzen wie Nelken, Pfeffer und Zimt, die von weither aus Indien kamen, so dass diese Handelsfamilie ein durchaus begütertes Dasein führte.

Heduvige hätte also leicht die Möglichkeit gehabt, in dem angesehenen Kloster von Esperança erzogen zu werden, erhielt jedoch stattdessen ihre abschließende Ausbildung von ihrem Onkel Zózimo, der als Maler in Florenz ausgebildet worden war. Der junge Künstler genoss es, seine Nichte mit Geschichten über seine Wahrsagefähigkeiten zu beeindrucken und ihr Interesse an der Blumenvielfalt zu wecken.

Eines Tages näherte sich Heduvige ihrem Onkel bekümmerten Blickes, um ihn wegen eines Albtraumes um Rat zu bitten. Sie war im Traum zunächst durch einen düsteren Wald aus Trauerweiden gewandelt am Rande eines Flusses, in dem die Tränen unzähliger trauriger Menschen flossen. Dann hatten sich die eng stehenden Bäume gelichtet und in hellgrün leuchtende Frühlingsweiden verwandelt, in denen die samtenen Weidekätzchen fröhlich im Sonnenschein über dem nun munter dahinmurmelnden Bach strahlten. Neben diesem stand ein stattlicher junger Mann, der ihr, freundlich lächelnd, die Hände entgegenstreckte. An dem Punkt war Heduvige durch nervösen Hahnenschrei frühzeitig aufgeweckt worden und wusste nun verwirrt nicht, was sie von dem Geträumten halten sollte.

Beruhigend deutete der Onkel Zózimo, dass nach einer kurzen Zeit äußerster Besorgnis auf seine Nichte Tage des Glücks und der Freude warten würden. Jetzt war Heduvige voll neugieriger Erwartung, wie dieser Traum wohl ihr Schicksal beeinflussen könnte. Unruhig schlief sie in der folgenden Nacht ein. Es war eine lieblichen Augustnacht, in der die Wellen wie versilbert im Mondschein schimmerte und eine sanfte Meeresbrise die Insel Terceira umschmeichelte.

Plötzlich hallte das Anwesen ihres Vaters von alarmierendem Geschrei wider: „Piraten! Seeräuber!" Vom Fenster aus beobachtete das verstörte Mädchen, wie ihr Vater und einige seiner Sklaven gefesselt von wild aussehenden Seeleuten fortgeschleppt wurden, während ihr Onkel Zózimo überrascht unter einem Dolchstich zusammenbrach.

Die Piraten raubten und zerstörten alles, bis ihr Schiff, randvoll mit Nahrungsmitteln und Wertsachen beladen, die Segel setzte und Heduvige mitnahm. Als die Sonne bei Sao Miguel aus dem Ozean aufstieg, steuerte aus dem Inselschatten ein bewaffnetes spanisches Handelsschiff auf sie zu, das umgehend Feuer auf die Seeräuber eröffnete. Betend fiel Heduvige während des Kampfgetümmels auf die Knie, weil sie unweigerlich annahm, ihr letztes Stündchen habe geschlagen.

In dieser verzweifelten Stellung fand sie der junge spanische Kapitän Nicolau, nachdem die Piraten erfolgreich besiegt worden waren. Mit würdevollem Respekt besänftigte er das verschreckte Mädchen, und nachdem sie ihm ihr Vertrauen geschenkt hatte, verliebte er sich unsterblich in ihre strahlende Schönheit. Zu ihrer größten Verwunderung erkannte Heduvige in Nicolau den jungen

Mann aus ihrem wundersamen Traum, und so hatte sie nichts dagegen einzuwenden, dass er sie auf seinem Schiff mit nach Hause nahm.

Im darauffolgenden April feierten Heduvige und Nicolau eine prunkvolle Hochzeit, von der man noch lange in Andalusien sprach. Ihren ersten Sohn nannten sie Zózimo, denn Träume lügen nicht und weisen dem den Weg in die Zukunft, der sie richtig zu deuten weiß.

Graciosa

Das Versprechen des Stadtverwalters Gil de Quadros

Die Abenddämmerung senkte sich über Graciosa, die kleinste Insel in der azoreanischen Zentralgruppe, als der Stadtverwalter von Vila de Santa Cruz, Gil de Quadros, seine Familie nach den Abendgebeten in der guten Wohnstube um sich versammelte und sie in besonnenen Worten daran erinnerte, wie vor 46 Jahren, im Jahr 1623, seine Vorfahren wagemutig einen Angriff abgewehrt hatten. Allerdings wurde die beschauliche Runde plötzlich in ihrer selbstgefälligen Ruhe durch eine Fledermaus gestört, die aufgeregt durch das Fenster geflattert kam und sich nur widerwillig von dem Dienstpersonal wieder vertreiben ließ.

Durch abergläubische Erzählungen hinsichtlich Unglück bringender Fledermäuse leicht beunruhigt, begab sich die Familie daraufhin unverzüglich zu Bett. Nach schlecht durchschlafener Nacht wurden sie durch das stürmische Klopfen eines Boten frühzeitig geweckt, nur um zu erfahren, dass englische Piraten die Dunkelheit der Nacht genutzt hatten, die Nachbarstadt Vila da Praia zu überfallen und auszurauben.

Gil de Quadros ließ sofort Sturm läuten und die Stadtverteidigung von Santa Cruz mobilisieren. Gleichzeitig versäumte er nicht, um göttlichen Schutz zu beten, und versprach, falls die Stadt von den Angreifern verschont bliebe, seine zwei Töchter, Clélia und Anunciação, als Nonnen ins Kloster zu geben.

Inzwischen hatten die Piraten ihre Schiffe mit ausreichendem Proviant gefüllt und waren zu Graciosas Nachbarinseln aufgebrochen, um dort nach mehr Beute Ausschau zu halten. Die Stadt Santa Cruz blieb unbehelligt, und die Töchter des Stadtverwalters erfuhren, dass ihr Vater sie in ein Klosterleben versprochen hatte. Sie weinten sich zwar die Augen aus, aber der Stadtverwalter hielt sein Wort und schickte sie unverzüglich in das Kapuzinerkloster in Angra auf der Nachbarinsel Terceira.

Clélia war fügsam, wenn auch totunglücklich, und ergab sich langsam in ihr Schicksal. Ihre Schwester Anunciação war jedoch von verzweifeltem Heimweh erfüllt und weigerte sich, hinter Klostermauern begraben zu werden. Die Äbtissin war die Tante der beiden Mädchen und hatte verständnisvolles Mitleid für ihre Lage. Sie schrieb lange Briefe an ihren Bruder und versuchte ihm zu erklären, dass seine Töchter nicht für das Klosterleben geschaffen seien.

Gil de Quadros vernahm zwar das Flehen der Töchter und Schwester, fühlte sich aber dennoch unwiderruflich an sein Versprechen gebunden. Mit schwerem Herzen betete er am Karfreitag vor der Marienstatue Nossa Senhora da Ajuda, als er plötzlich eine Stimme vernahm: „Wenn du an Mariä Himmelfahrt vom Kreuz am Porto da Barra zwei weiße Tauben hochfliegen siehst, erlöst dich der Herr von deinem Versprechen."

Gil de Quadros konnte das Herannahen des schicksalhaften Donnerstags kaum abwarten. Sobald sich die ersten Schatten zeigten, kniete er vor dem Kreuz. Voll Freude beobachtete er, wie zwei rein weiße Tauben sich vom Kreuz erhoben und, mehrere Runden drehend, in den strahlend blauen Himmel empor flatterten.

Umgehend setzte der Vater nach Terceira über und erlöste seine Töchter vom Klosterleben. Überglücklich kehrten sie nach Hause zurück und genossen ein langes erfülltes Leben im Kreise ihrer Kinder und Kindeskinder.

Der Korsar und das Kreuz aus massivem Gold

Im 15. Jahrhundert gab es zahlreiche Piratenangriffe auf die kleine Azoreninsel Graciosa. Die Seeräuber raubten, zerstörten und töteten und danach überließen sie die völlig verwüstete Insel wieder den Überlebenden. Es ist verständlich, dass die Einwohner den Piraten nicht gerade wohlgesonnen waren, und so wählte unter diesen sicher nicht mehr als eine Handvoll die Insel, um ihrem Leben eine neue Richtung zu geben.

Natürlich war es dann ein französischer Seeräuber, namens Laplace, der durch zarte Liebesbande an die Insel gefesselt wurde. Er verfiel einem unschuldigen Dorfmädchen mit sanften Samtaugen und glänzend schwarzen Locken, als sie ihm auf dem Weg zur Heiligen Messe begegnete. Wohlerzogen senkte sie zwar schnell ihren Blick, doch ihr schüchternes Erröten verriet lebhaft ihre Gefühle. Tatsächlich dauerte es gar nicht lange, bevor der ungeschliffene Pirat und die sittsame Dorfschönheit sich ihre gegenseitige Zuneigung gestanden.

Die Empörung der Eltern war groß. Ein solches Verhältnis zu akzeptieren stand ganz außer Frage, und so versuchten sie umgehend, es im Keim zu ersticken. Sie verboten der Tochter sogar zur Messe zu gehen, damit der Teufel sie in Gestalt des tollkühnen Piraten nicht in Versuchung führen konnte. In ihrer Verzweiflung sannen sie, für ihre Tochter in aller Schnelle einen respektablen Freier zu finden, den sie dann heiraten sollte, um sich und ihre Familie vor Schmach und Unehre zu bewahren.

Leider mussten die geplagten Eltern feststellen, dass ihr Plan nicht in die Tat umgesetzt werden konnte, denn es gab keine heiratsfähigen jungen Männer in der näheren und weiteren Umgebung. Entweder waren sie bereits verheiratet oder sie waren zumindest verlobt. Jetzt war guter Rat teuer, zumal die einst gehorsame Tochter zu dem Zeitpunkt ihre azoranische Starrsinnigkeit entdeckte. Eindeutig machte sie klar, dass sie heiraten werde und zwar nur denjenigen, den sie wahrhaft liebte.

Beeindruckt beobachtete der Pirat den Mut des jungen Mädchens. Er gab sich schließlich einen Stoß und wählte aus seinem versteckten Seeräuberschatz ein Kreuz aus massivem Gold, das über und über mit funkelnden Edelsteinen besetzt war. Herausfordernd ließ er es seinem zukünftigen Schwiegervater überbringen, um ihm zu beweisen, dass er trotz allem ein Christ war und zweifellos wohlhabend genug, um einer Frau ein komfortables Leben zu ermöglichen.

Der Vater verstand sofort dieses männliche Friedensangebot, wenn auch die Mutter zunächst noch jammernd Bedenken hegte. Doch zur Freude seiner Tochter entschied der Vater, dass der Hochzeit nun keine Ackersteine mehr in den Weg gelegt wurden. Bald besiegelte das massive Goldkreuz mit den glitzernden Edelsteinen

das Eheglück des einst wilden Piraten Laplace mit der einst unschuldigen Dorfschönheit aus Graciosa. Und obwohl sie inzwischen gestorben sind, leben ihre Nachkommen sicher noch heute
auf der *anmutigen* Azoreninsel Graciosa.

Die Thermen von Carapacho

Vor einigen Jahrhunderten bestritt ein Bauer in Carapacho auf der
Azoreninsel Graciosa mit zwei, drei Kühen zufrieden seinen Lebensunterhalt, als auf einmal gerade seine schönste Kuh mager und
hinfällig wurde. Eifrig taten der Bauer und seine Frau alles, um
dem dahinsiechenden Rindvieh wieder auf die Beine zu helfen. Sie
flößten ihm Malventee ein, rieben es auf Rat der Nachbarn mit einer übel riechenden gelben Creme ein, umräucherten es auf An-
weisung der altersklugen Großmutter und eilten schließlich sogar
zu einer Gesundbeterin. Doch nichts half, und die Kuh sah schließlich nicht mehr so aus, als wenn sie noch lange durchhielte.

Unter dem Jammern der Frau und dem Abschiedsschmerz der Kinder beschloss der Bauer endlich, das wandelnde Knochengerüst
nach Ponta de Restniga zu treiben, wo die Kuh entweder entkräftet
zusammenbrechen würde, oder er sie wegen der letzten Fetzen
Fleisch schlachten würde, falls er den Mut dazu aufbrächte. Langsam trottete das Rindvieh vor ihm her und wankte schließlich auf

eine sprudelnde Quelle am Wegrand zu, um aus ihr durstig zu schlürfen.

Kaum hatte sie jedoch die ersten Schlucke getan, kehrte der alte Glanz in ihre Augen zurück, und das struppige Fell glättete sich. Verwundert ließ der Bauer sie nach Herzenslust saufen, dann kehrte er wohlgemut mit ihr nach Hause zurück. Mehrere Tage wechselten sich die Familienmitglieder damit ab, der Kuh das notwendige Trinkwasser aus der Wunder wirkenden Quelle heranzuschaffen, bis sie endlich ganz genesen war.

Die Nachricht von der erstaunlichen Heilung des Rindviehs verbreitete sich wie ein Lauffeuer. Bald benutzten Mensch und Tier das lustig aus dem Boden sprudelnde Wasser, um alle möglichen Leiden zu heilen. Lange Zeit genossen die Thermen von Carapacho darauf hin hohes Ansehen. Doch dann gerieten sie irgendwie in Vergessenheit.

Heutzutage erinnert man sich wieder ihrer heilbringenden Wirkung und nutzt ihre medizinisch nachweisbaren Heilwirkungen. Doch nicht nur Rheumageplagte erfahren hier Linderung. Ein Aufenthalt an der beschaulichen Bucht von Carapacho wird sich jedem, leidend, gestresst oder faulenzend, als wahres Labsal für Körper und Seele neue Lebenskraft spenden.

Die Grotte der verzauberten Maria, Furna da Maria Encantada

Vor vielen Jahren lebte in einem lieblichen Talkessel auf der Azoreninsel Graciosa ein wohlhabendes Ehepaar, das, wie es zu der Zeit üblich war, eine Vielzahl Vieh zu ihrem Besitz zählte. Kühe, Pferde, Schafe, Ziegen und ein lebhaftes Hühnervolk machten einen Lärm, dass es nur so seine Freude hatte.

Eines Nachts begann der Hahn zu ungewöhnlicher Stunde eindringlich zu krähen. Drei Tage lang schrillte dieser Misston an das Ohr der Hausherrin, namens Maria, und beunruhigte sie mehr, als sie öffentlich zugeben mochte. Deutlich vermeinte sie zu verstehen, dass der Hahn warnend „Flieh! Flieh! Flieh!" krähte. Besorgte wandte sie sich an ihren Mann, aber dieser lachte sie nur aus und hieß sie schweigen, damit sie sich und ihn nicht lächerlich mache. Auf keinen Fall hatte er die Absicht, wegen des Geschreis eines Hahnes seine Besitztümer im Stich zu lassen, mochte sich seine Frau noch so sehr über seinen Starrsinn grämen.

Ein paar Tage später fing zunächst kaum merklich, dann schnell immer stärker die Erde an zu beben. Der Talkessel barst auf, und glühende Lava schoss heraus. Von einer Sekunde zur anderen wurde die wohlhabende Familie mitsamt ihrem Anwesen im feurigen Erdschlund verschlungen. Hätte der Mann nur auf seine Frau gehört!

Auf dem Facho, einem Teil der Erhöhung um den ehemaligen Talkessel herum, lebt Maria noch heute mit ihren drei Töchtern, Rosa, Maria und Madalena, verzaubert weiter. Gelegentlich sieht man sie in Lumpen hinter bellenden Hunden herlaufen, um ihre Schafe vor ihnen zu schützen. In Fenais weiß jeder, dass die über ihren Köpfen kreischenden Möwen in Wirklichkeit die verzauberten Hühner der unglücklichen Maria sind. Ab und zu wollen die Jungen Maria ärgern und werfen Steine in den heißen Grottenschlund. Dann hört man tief unten das Geschirr der wohlhabenden Maria zerbersten. Und an schönen ruhigen Sommertagen kann man von weit vor dem azurblauen Himmel das weiße Leinen über der Grottenöffnung in der strahlenden Sonne trocknen sehen.

Die Meerjungfrau und der Fischer

Einst ging ein Fischer, wie üblich, zum Strand von Graciosa, der kleinsten Azoreninsel in der Zentralgruppe, als ihn unerwartet ein Schluchzen in seiner unmittelbaren Nähe erschreckte. Vorsichtig spähte er hinter einen mit triefenden Algen behangenen Felsen, den die Ebbe auf den trockenen Strand gesetzt hatte, und gewahrte dort eine in Tränen aufgelöste Meerjungfrau. Natürlich weiß jeder Fischer, dass man sich vor diesen die Sinne betörenden Wesen in Acht nehmen muss, um nicht auf den Grund des Ozeans gelockt zu werden. Und natürlich war auch dieser Fischer von Kindheitsbeinen vor der fatalen Anziehungskraft gewarnt worden. Obwohl er also von der Gefahr wusste, war der junge Fischer von Neugierde erfüllt und hätte gerne erfahren, warum diese liebliche Meerjungfrau von so abgrundtiefer Traurigkeit erfasst worden war.

Also trat er in respektvollem Abstand hinter dem Felsen hervor - und erschreckte dadurch die zarte Nixe so, dass sie am ganzen Körper zitterte. Mit kummervollem Blick erklärte sie, dass sie bei einsetzender Ebbe das zurückgehende Wasser nicht beachtet habe und jetzt nicht mehr aus eigenem Vermögen in die Meerestiefe zurückkehren könne. Dabei zeigte sie jammervoll auf ihren glänzenden Fischschwanz. Hoffnungsvoll wandte sie ihre flehenden blauen Augen dem jungen Mann zu und bat ihn, sie doch bitte zum Wasser hinunterzutragen.

Der Fischer dachte an die warnenden Geschichten seiner Nachbarn, sah aber gleichzeitig die verlockende Möglichkeit, einen seit langem gehegten Wunsch erfüllt zu bekommen. Gespannt fragte er die zierliche Nixe, ob sie ihm wohl einen aus dem Himmel gefallenen Stein vom Meeresboden hochholen könne, falls er sie zum Wasser zurücktrüge. Zustimmend neigte die Meerjungfrau ihren anmutigen Kopf mit den feuerroten Haaren, bat dann aber ihrerseits, ob der junge Mann ihr nicht als Gegenleistung einen Sack Saubohnen überreichen könne.

Der Fischer erklärte sich freudig einverstanden und trug die Meerjungfrau vorsichtig zum Wasser. Geschmeidig glitt sie in die Wellen und verschwand seinen Blicken. Voller Erwartung eilte er nach Hause, füllte einen Sack mit Saubohnen und stand dann mit Herzklopfen am Rand der einlaufenden Flut. Die Wellen leckten an seinen Zehen, da tauchte der liebliche Kopf der Meerjungfrau aus dem wogenden Nass auf. Geschickt warf die Nixe ihm den so heiß begehrten Stein zu. Wie versprochen, versank der Sack Saubohnen neben ihr im Wasser. Freundlich lächelte die Meerjungfrau dem jungen Fischer zu, dann verschwand ihr Kopf wieder im tiefgründigen Ozean.

Voll ehrfürchtigen Staunens besah sich der junge Mann den Himmelsstein aus dem Meer in seiner Hand. Noch oft kehrte der Fischer zurück an denselben Strand. Die zierliche Nixe traf er jedoch nie wieder.

São Jorge

Die Heilig-Geist-Ochsen von Topo

In São Jorge, wie auch auf den anderen Azoreninseln, prägt der Glaube an den Heiligen Geist das alltägliche Leben und findet seinen besonderen Ausdruck in den niemanden ausschließenden Gemeinschaftsfesten. Am Morgen wird all denen, die vorbeikommen, Brot und Milch gereicht. Mittags ist jeder eingeladen, sich an die bereitstehenden Tische zu setzen und die traditionelle Heilig-Geist-Suppe, gekochtes Fleisch aller Sorten und vielerorts als Abschluss Milchreis mit Zimt zu essen. Und natürlich wird auch fröhlich dem örtlichen Rotwein zugesprochen.

In einem Jahr sollten die Feierlichkeiten in Topo besonders reichhaltig ausfallen, denn ein Mann hatte versprochen, genug Essen für alle Einwohner zu besorgen. Dafür brachte er zwei Ochsen auf die saftig grünen kleinen Inselchen direkt vor der Landspitze von Topo, die nur durch einige hundert Meter Wasser von der Hauptinsel getrennt sind. Um das Vieh jeweils auf die begehrten Weiden zu bringen, muss man sie an einem Strick hinter dem Boot herziehen, was sich bei gutem Wetter als kein Problem erweist.

In dem besagten Jahr kam aber der Monat Mai, normalerweise der Beginn der zweiten azoranischen Jahreszeit, lieblicher Sommer, und erwies sich als unerfreuliche Ausnahme der Regel. Das temperamentvolle Winterwetter hielt die Einwohner der Azoren weiterhin mit heftigen Winden und hochpeitschenden Wellen in Atem. Der Ausrichter des Heilig-Geist-Festmahls, *mordomo* genannt, sah mit Besorgnis zu den Inselchen hinüber, denn bei dem Seegang konnte er bei bestem Willen seine beiden Opferochsen nicht auf die Hauptinsel zurückbekommen. In letzter Minute sah er sich gezwungen, zwei andere Ochsen zu kaufen, um sein Pfingstversprechen einhalten zu können. Zwar hatte er Gewissensbisse, weil es ja nicht dieselben Ochsen waren, nicht die Ochsen, die er dem Heiligen Geist versprochen hatte, aber er war sich sicher, dass seine Notlage verstanden wurde und sein Handeln rechtfertigte.

Also schickten sich am Freitagmorgen der *mordomo* mit seinen Nachbarn und Freunden an, die gekauften Ochsen für das Festmahl planmäßig zu schlachten. Als sie gerade mit dem Zerlegen der unterschiedlichen Fleischstücke beschäftigt waren, erschienen zu jedermanns größter Verwunderung die auf den Inselchen gemästeten Ochsen, die dem Heiligen Geist versprochen worden waren. Keiner konnte begreifen, wie die Ochsen bei dem Seegang alleine aufs Festland gelangt waren, zumal sie völlig trocken aussahen.

Einstimmig kam man zu der Überzeugung, dass sie vom Heiligen Geist selbst hinübergetragen worden waren. Voller Rührung bestand der *mordomo* nach dieser Erkenntnis darauf, die beiden Ochsen auch noch zu schlachten, so dass es in keinem Jahr je wieder so einen üppigen Festtagsschmaus gab wie in jenem. Der Heilige Geist liebt das tatkräftige Leben.

Warum man den Heiligen Geist achten muss

Vor einiger Zeit lebte in Topo auf der Azoreninsel São Jorge ein junges Paar, das, obwohl fröhlich verheiratet, Jahr um Jahr vergeblich auf Nachwuchs wartete. Schließlich kamen sie zu der Überzeugung, dass ihnen dieser Herzenswunsch wohl wegen vergangener Sünden und unterlassener Hilfeleistungen verweigert wurde. Also gelobten sie, zu Pfingsten das Heilig-Geist-Festmahl auszurichten, falls die Frau schwanger würde.

Tatsächlich erwartete wenig später zu ihrer großen Freude die Frau ein Kind, und als sich nun Pfingsten näherte, sah sich das Ehepaar nach einem zu opfernden Rindvieh um. Endlich erstand der Ehemann dann auch einen geeigneten Stier von einem Mann, der frei lebendes Vieh auf den Weiden im Landesinneren hielt, so dass er nach den Rindern nur gelegentlich sehen musste. Denn azoranische Kühe sind glückliche Kühe, die auch heute noch das ganze

Jahr auf saftig grünen Weiden verbringen und schon deshalb meist keine Ställe von innen sehen, weil es kaum Ställe gibt, denn selbst in den stürmischen Wintermonaten verirren sich die Temperaturen in den Azoren nur äußerst selten in den Minusgradbereich.

Zufrieden brachte der werdende Vater also seinen besonderen Neuerwerb in die Scheune, band ihn dort an und wandte sich seinem restlichen Tageswerk zu. Als er am Abend bei seinem noch lebenden Festtagsschmaus nach dem Rechten sehen wollte, fand er sein Scheuneninneres vollständig verwüstet vor. Der bis dahin an ungezügelte Freiheit gewöhnte Stier hatte sich aus Verzweiflung in der ihn einengenden Umgebung losgerissen und bei dem Versuch, zu entfliehen, alles durcheinandergewirbelt und größtenteils auch zerstört.

In seiner ersten Wut ergriff der Mann darauf den erstbesten Gegenstand, der ihm zur Hand kam, und hieb auf den verblüfften Stier mit einer Sense ein. Vom Lärm angelockt, eilte die Frau zur Scheune, und als sie sah, was geschah, bat sie ihren Mann aufzuhören, das Tier zu malträtieren. Der Mann entgegnete aber nur erhitzt: „Es ist doch egal. Der Stier ist schon bezahlt und wird sowieso für das Heilig-Geist-Fest geschlachtet."

Pfingsten wurde dann auch mit einem üppigen Festmahl gefeiert, alle wünschten der Schwangeren weiterhin das Beste, und wenig später gebar sie ein gesundes Mädchen. Nur im Gesicht war das Kind verunstaltet. Die Schwielen, die der erzürnte Vater auf dem Rücken des für den Heiligen Geist bestimmten Stieres hinterlassen hatte, entstellten das zarte Antlitz der Tochter. Unglücklich zogen die Eltern das Mädchen versteckt im Haus auf. Wenn es ausging, bedeckte immer ein Schal sein Gesicht. Allen war bewusst, dass dies die Strafe für die Nichtachtung des Opfers für den Heiligen Geist war.

Die Überzeugung der allgegenwärtigen Macht des Heiligen Geistes im täglichen Leben ist tief im Lebensempfinden der Azoraner verwurzelt. Bis vor wenigen Jahren schämte man sich aus ähnlichen Gründen, wie in dieser Geschichte beschrieben, seiner eigenen behinderten Kinder und versuchte, sie vor der Gesellschaft zu verbergen. Die Entwicklung der autonomen Region der Azoren im europäischen Rahmen öffnete neue Sichtweisen, integrierte die Inseln in der Mitte des Atlantiks wieder im internationalen Geschehen – und förderte die anerkannte Integration von Menschen mit speziellen Bedürfnissen.

Die Legende von Vela Latina

Am 1. Mai 1808 erschütterte ein heftiges Erdbeben die Azoreninsel São Jorge, und ein Vulkan brach bei Lagoinhas in der Nähe von

Urzelina aus. Ein mächtiger Lavastrom ergoss sich zur Küste hinab und bedeckte Weiden, Felder und Häuser. Orientierungslos flohen die Menschen vor dieser furchterregenden Verwüstung, von der fast das ganze Dorf Urzelina zerstört wurde.

Als nach Tagen das glühende Erdgestein zur Ruhe kam und abkühlte, fand man, wundersamerweise unangetastet von jedem Ungemach, auf einem dreiecksförmigen Weidestück eine Herde Kühe, die vorher für das Heilig-Geist-Fest versprochen worden war. Der Lavastrom hatte sich um sie geteilt und fürsorglich vor dem allgemeinen Verderben verschont. Noch heute kann man die Dreiecksformation der Vela Latina leicht inmitten eines schattigen Eukalyptushains erkennen.

Die Legende über die Canada do Inferno, den Weg zur Hölle

Vor vielen Jahren lebte in dem Dorf Ribeira Seca auf der Azoreninsel São Jorge ein sehr reicher Mann, der hochangesehen war, und dessen Wort fast so viel galt wie das des Königs.

Eines Tages wurde er jedoch des Totschlags angeklagt, und auf dem Weg zum Gerichtstermin im entfernten Velas gefiel es ihm gar nicht, sich wie ein armer Sünder rechtfertigen zu müssen. Düsterer Stimmung grübelte er einen teuflischen Plan aus, um seinen Kopf aus der Schlinge zu ziehen.

Tatsächlich gelang es ihm bei der Gerichtsverhandlung geschickt, die Schuld von sich auf einen armen Nachbarn zu wälzen. Fröhlich schwang er sich auf sein Pferd, um noch in der selbigen Nacht zu Hause seine triumphierende Tücke zu feiern. Plötzlich versperrte ihm in der schwarzen Nacht ein brennender Fluss den Weg. Es dampfte und zischte, und die Rauchwolken stiegen zu der dünnen Mondsichel empor.

Voller Angst begann ihn sein Gewissen zu plagen, und schreckerfüllt versprach er der Mutter Gottes, dass er sein falsches Zeugnis widerrufen werde, wenn sie ihn vom Untergang in der glühenden Hölle verschonte. Unvermittelt hörte der Höllenstrom auf zu fließen, die Erde kühlte wieder ab, und der Reiche konnte unbeschadet nach Velas zurückreiten.

Er bereute öffentlich seine frevelhafte Untat, der arme Nachbar kam frei und wurde großzügig vergütet. Das falsche Urteil wurde wieder aufgerollt, der Totschlag geklärt und gebüßt. Aus Dankbarkeit darüber, dass er dem Höllenfeuer entkommen durfte, ließ der nunmehr weitaus weniger Reiche eine Kapelle für die Mutter Gottes erbauen. Und die Straße seiner Wandlung heißt noch heute Canada do Inferno, der Weg zur Hölle. – Oder: die positive Erziehung durch unvorhersehbare Naturereignisse. Ethik dank Inferno.

Die Legende von der Caldeira do Santo Cristo

Die lang gestreckte Azoreninsel São Jorge ist berühmt wegen ihrer malerischen Fajãs, kleinen Geröllzungen zu Füßen der steilen Klippen, die sich besonders auf der Nordseite der Insel befinden. Abgeschieden und schwer zugänglich, wurden sie seit Anfang der Besiedlung als Sommerweiden oder zum Fischen benutzt, wobei sie natürlich gelegentlichen Piratenbesuchen schutzlos ausgeliefert waren.

Eine dieser Fajãs hat als Besonderheit gleich neben den rollenden Ozeanwellen eine talkesselrunde Lagune, in deren reinem Salzwasser die wohlschmeckendsten Herzmuscheln gedeihen. Bei den Einwohnern von São Jorge sind aber auch die Meeresausbuchtungen um die Lagune herum beliebt, um dort die begehrten Entenmuscheln zu sammeln oder auch scharfzähnige Muränen zu fangen.

An klaren Spätfrühlingstagen kann man am Horizont zwei Nachbarinseln der zentralen Inselgruppe erkennen, Graciosa und Terceira. Obwohl Terceira nicht sonderlich weit entfernt zu sein scheint, werden die beiden Inseln auf dem Meeresboden von einer unabschätzbar tiefen Erdspalte getrennt, in dessen Unterwassergebirge eine Riesenkrake wohnen soll, wegen der schon so manches Boot auf Nimmerwiedersehen in dem Inseldreieck verschwand. Wahrscheinlich handelt es sich um eine ganze Krakenfamilie, denn seit der Besiedlung vor 500 Jahren haben diese Meeresmonster in unregelmäßigen Abständen unter den Fischern für Angst und Schrecken gesorgt.

In unserer Geschichte nahm jedoch an einem lieblichen Sommermorgen ein Fischer bei dem Anblick der friedvoll zu seinen Füßen liegenden Fajã den mühsamen Abstieg an der zerklüfteten Klippenwand entlang gern in Kauf, um in der spiegelglatten Lagune seine Angel auszuwerfen. Gerade wollte er es sich am Ufer gemütlich machen, da gewahrte er eine Christusstatue, die halb aus dem Wasser herausragte.

Vor lauter Überraschung vergaß er sein ursprüngliches Vorhaben, hob ehrfurchtsvoll die Statue aus dem Wasser und eilte keuchend mit ihr nach Hause. Freudestrahlend schmückte die Familie in ihrer guten Stube sofort die beste Ecke für die Christusfigur heraus.

Doch zur allgemeinen Enttäuschung war sie gleich am nächsten Morgen wie vom Erdboden verschwunden. Nach fieberhafter Suche fanden sie den Christus schließlich im Wasser der Lagune wieder und brachten ihn umgehend abermals zu seinem aufs Feinste herausgeputzten Zimmeraltar. Zur allgemeinen Verwunderung verschwand die Statue gleich wieder in den darauf folgenden Tagen von dem ihm zugewiesenen Ehrenplatz und wurde jedes Mal in der lieblichen Fajã wiedergefunden.

Endlich hatten die Einwohner ein Einsehen und beschlossen, der Christusstatue eine eigene Kapelle in der Fajã zu errichten. Fürsorglich beabsichtigten sie, die Kapelle in der Nähe der schützenden Klippenwand zu errichten. Doch als sie die Steine dort hintragen wollten, wurden sie jedes Mal so schwer, dass sie nicht anzuheben waren.

Wiederum gaben die über so viel Hartnäckigkeit erstaunten Einwohner nach und bauten endlich die Kapelle dort, wo die Christusfigur gefunden worden war. In der Zwischenzeit wurde die Fajã als Caldeira do Santo Cristo bekannt, und diesen Namen trägt sie mit Stolz heute noch. Hartnäckig muss der Besucher sein, denn wegen der isolierten Lage ist der Weg auch heutzutage noch eine sportliche Herausforderung, belohnt aber natürlich den Standhaften mit einzigartigen Panoramablicken

Die Bevölkerung ist sich des Segens, den der Santo Cristo in die Fajã gebracht hat, wohl bewusst. Lächelnd schüttelt man den Kopf über die Starrköpfigkeit der Christusfigur. Als in einer stürmischen Winternacht der Priester den Santo Cristo in seinem Haus in Sicherheit bringen wollte, konnte er ihn nicht von der Stelle rühren. Er schien einfach wie angeleimt - und der Kapelle geschah in dem tosenden Unwetter trotz allem kein Schaden. Als sich am nächsten Morgen der Küster davon überzeugen wollte, dass der Statue nichts passiert war, ließ sie sich selbstverständlich ohne weiteres anheben. Wie war das mit den Überraschungen, über die man allerorts unverhofft in den Azoren stolpern kann?

Urzelina, Linas Heide

Auf dem Kamm des langgezogenen Bergrückens, der die Azoreninsel São Jorge wie eine im Wasser ruhende Urweltechse aussehen lässt, hatte vor vielen, vielen Jahren Prinz Romualdo ein majestätisches Schloss errichtet, in dem wilde Orgien und verschwenderische Banketts die hart dafür arbeitenden Bevölkerung der Insel verspotteten.

Eines Morgens blies das königliche Horn wieder einmal zu einer der großartig angelegten Jagden. Unter lautem Geschrei und anmaßendem Gegröle stob die herrschaftliche Meute mit Dienern und luxuriöser Ausstattung durch die Felder, wo schon im Schweiße ihrer Angesichter die Landarbeiter ihr Tagewerk verrichteten. In der wilden Heidelandschaft flatterten erschreckt die Tauben auf, als die farbenprächtigen Seidentücher der Geliebten des Prinzen im Gestrüpp zerrissen.

Als sie plötzlich vermisst wurde, brach man die Jagd ab. Die Suche nach ihr blieb jedoch zunächst erfolglos. Schweren Schrittes kehrte der stille Zug zum Schloss zurück. Ausgelassener Übermut verwandelte sich in bodenlose Traurigkeit. Jammervoll hörte man den Prinzen in seiner Kammer schluchzen: „Lina! Ach, Lina!"

Tagelang durchstreifte der Untröstliche das unwirtliche Gelände, bis sich ihm eines Abends schon im Dämmerschein ein grausiger Anblick bot: Auf dem Grund einer Schlucht lag, unter ihrem weißen Lieblingspferd begraben, seine geliebte Lina, der schmerzvolle Tod verzerrte ihr liebreizendes Antlitz. Mit einem Aufschrei kletterte der Prinz in die Tiefe und küsste die Dahingeschiedene unter Tränen. Verzweifelt schnitt er eine ihrer blonden Locken ab und verflocht sie mit einem blühenden Heidezweig.

Kraft- und seelenlos kehrte er zum Schloss zurück. Er ließ alle Fenster und Türen verrammeln und wollte nie wieder ein fröhliches Wort in seiner Nähe hören. Die Höflinge begannen die

Pflanze, deren Zweig der Prinz in dem Zopf seiner Geliebten immer bei sich trug, Urze de Lina, Linas Heide, zu nennen. Bald nach dem Unglück starb der Prinz an gebrochenem Herzen, und die Höflinge kehrten zu ihrem lasterhaften Lebensstil zurück. Doch Gott strafte sie wegen ihrer rücksichtslosen Tyrannei über das unter ihrer Knute leidende Volk und ließ einen Vulkan genau unter dem Schloss ausbrechen, dessen Lavastrom alles zerstörte, während er unaufhaltsam bis zur Küste und ins Meer hinabfloss.

Nur eine Siedlung inmitten der Heidelandschaft blieb unberührt. Im Andenken an den tragischen Schmerz des Prinzen benannten die Bewohner sie nach der Pflanze im Trauerzopf, Urze de Lina. Nach langem Sprachgebrauch hat sich der Begriff heutzutage zu Urzelina verkürzt, und in jeder Generation werden dort junge Mädchen geboren, die auf den Namen Lina getauft werden und dann auf den Prinzen warten, der sie bis in alle Ewigkeit liebt.

Jeden Tag verlangt das Meer ein Opfer

Die Siedler der Azoren kamen schon bald nach ihrer Ankunft in den Vulkaninseln auf den Geschmack, dass Entenmuscheln eine erfreuliche Bereicherung des Speiseplans sind. Zum entspannenden Zeitvertreib oder als Feiertagsabwechslung ging und geht man auch heute noch an die Küste, um bei Ebbe und ruhigem Seegang die kleinen Köstlichkeiten zu sammeln.

Eines Tages sprang auch ein Mann aus Rosais auf der Insel São Jorge behände von Algen bewachsenem Stein zu feuchtglitschigem Stein, um für die Abendmahlzeit seiner Familie eine Überraschung mitzubringen. In den von der Ebbe zurückgelassenen Meerespfützen fand er außerdem kleine Schnecken, die er zu den Entenmuscheln in seinen Weidenkorb warf. Achtsam hielt er den Blick auf das unberechenbare Meer gerichtet, und plötzlich schienen ihm die leise plätschernden Wellen etwas zuzuflüstern: „Das Meer kommt und geht. Und was macht der Mann, der nicht kommt?"

Erst dachte der Mann verwundert, er habe sich verhört. Als er sich jedoch wieder bückte, um ein paar Entenmuscheln von einem Wellen überspülten Stein abzuklauben, schien ihm die gurgelnde Gischt abermals zuzuraunen: „Das Meer kommt und geht. Und was macht der Mann, der nicht kommt?"

Jetzt lief dem Mann ein Schauer über den Rücken. Prüfend sah er zum Meereshorizont und erkannte, dass der Gezeitenwechsel eingesetzt hatte. Da er seinen Korb bereits gut gefüllt hatte, wagte er sich nur noch zu einem Felsen vor, auf dem ihm die Entenmuscheln schöner und dicker entgegenlächelten als alle anderen vorher. Schon umspülte das Wasser seine Füße, und er machte schleunigst kehrt, um den Strand zu verlassen. Als er schon das trockene Ufer erreicht hatte, vermeinte er abermals in seinem Rücken die Wellen wispern zu hören: „Das Meer kommt und geht. Und was macht der Mann, der nicht kommt?"

Atemlos erreichte der Mann den Küstenpfad, wo ihm ein Nachbar entgegenkam. Schnell wechselten sie ein paar Worte, denn der Nachbar wollte auch noch hinunter, um ein paar Entenmuscheln zu sammeln. Beide Männer wussten, dass die zurückkehrende Flut ihm nicht viel Zeit ließ.

Eilig hastete der Nachbar zum Strand hinunter. Die leckenden Wellen drohten schon, die Entenmuschelfelsen wieder in ihr kühles Nass zu tauchen. Hoch schwenkte der Mann den Korb, während er von Stein zu Stein balancierte. Mit einem Fuß rutschte er ab. Schon gurgelte das Wasser um sein linkes Knie. Schnell beugte er sich hinab, um die saftigen Entenmuscheln aus der reinigenden Gischt zu pflücken.

Die Welle ergriff ihn, ehe er sie sah. Ihr starker Sog zog ihn aufs Meer, ohne ihm als ebenbürtiger Gegner an Kraft eine Überlebenschance zu geben. Mächtig schoben sich die Wassermassen nach Norden. Sachte sank der Weidenkorb auf den Meeresboden.

Als der Freund mit seiner Familie nach dem üppigen Abendmahl, wohl beköstigt, vor seiner Tür auf der Bank saß und zufrieden das farbenprächtige Wolkenspiel des Sonnenuntergangs genoss, kam mit verstörtem Gesicht die Nachbarin um die Ecke. Plötzlich erinnerte sich der Mann an das Flüstern der Wellen, bevor er den Nachbarn traf. Bis tief in die Nacht suchten seine Freunde vergeblich nach dem vermissten Freund. Dann erinnerten die Alten, dass bei der Erschaffung der Erde das Meer Gott gebeten hatte, ihm jeden Tag entweder einen Menschen oder eine Handvoll Land zu überlassen. Gott hatte dem Wasser ein Leben zugestanden. Da begriffen die weinenden Trauernden, dass an diesem Tag der Nachbar vom Meer ausgewählt worden war.

Der Verrat der Fliegen

Wann immer die wirtschaftliche oder politische Lage in den Azoren schwierig wurde, kam es immer wieder zu Auswanderungswellen, bei denen zunächst die Männer die Lage in der Fremde zu meistern versuchten.

Einst beschlossen auch zwei junge Männer aus São Jorge, in Amerika ihr Glück zu finden. Sie nahmen dasselbe Schiff, trennten sich aber nach der Überfahrt und vereinbarten ein Wiedertreffen vor der Rückfahrt.

Beherzt scheute darauf der eine keine Arbeit und Mühe, bis er schließlich ein kleines Vermögen angespart hatte. Der andere freute sich, endlich Geld ausgeben zu können, und ließ sich wohl auch mal vom Schlendrian treiben, worauf er schließlich recht mittellos dastand.

Wie verabredet, trafen sich die beiden Freunde, kurz bevor das Schiff sie in die Heimat zurückbefördern sollte. Aufgeregt erzählten sie einander von den bestandenen Abenteuern, und dabei erkannte der eine, dass er bei der Rückkehr nach São Jorge im Gegensatz zu seinem Freund kein großes Ansehen erringen würde. Tollkühn fasste er daraufhin kurz entschlossen den Plan, sich seines Freundes zu entledigen, um dann mit dessen Reichtum in São Jorge Aufsehen zu erregen.

Zu spät durchschaute der betrogene Freund die mörderische Absicht des neidischen Landsmanns. Kein Zeuge wohnte der Gräueltat bei. Da heftete der Sterbende seinen Blick auf die ihn bereits umschwirrenden Fliegen, und mit letzter Kraft hauchte er: „Die Fliegen werden dich verraten."

Kaltblütig landete der Mörder in seiner Heimat und brüstete sich mit den Taten des gemeuchelten Freundes. Keiner ahnte etwas Böses. Großspurig baute er sich ein weit ausladendes Haus an der

Südküste der Insel und heiratete die junge Frau, der er vorher keinen standesgemäßen Antrag hatte machen können. Nachmittags saß er hinter seinem Haus auf der Veranda, sah zur Nachbarinsel Pico mit dem malerischen Bergpanorama hinüber, beeindruckte großspurig Freunde und Nachbarn und ließ sich bei genüsslicher Plauderei den örtlichen Wein munden.

Als eines Tages nach einem weiteren beschaulichen Nachmittag alle Gäste schon zum Abendessen nach Hause gegangen waren, beobachtete er noch mit seiner reizenden Gattin den farbenprächtigen Sonnenuntergang. Während er müßig nach den ihn umtanzenden Fliegen schlug, versuchte seine Frau, den grünen Schimmer beim Versinken des Sonnenballs im Meereshorizont nicht zu verpassen, denn dieser gilt in den Azoren als Glück verheißendes Omen. Doch sie vermochte ihn nicht zu erspähen und wandte sich enttäuscht zu ihrem Mann. Dieser betrachtete lächelnd die verführerisch tanzenden Fliegen und beruhigte sie kichernd, dass er schon genug Glück im Leben gehabt hätte. Dann beugte er sich vertraulich vor und beichtete ihr selbstzufrieden sein düsteres Geheimnis.

Natürlich konnte seine Gattin nicht umhin, abermals unter dem Siegel der Verschwiegenheit, diesen Skandal aufgeregt mit ihrer besten Freundin zu besprechen. Diese ihrerseits konnte es nicht

abwarten, das erstaunliche Geständnis brühwarm ihrem Mann wei-
terzuerzählen, der zufälligerweise für die Rechtsprechung auf der
Insel zuständig war. Natürlich verbreitete sich die Nachricht wie
ein Lauffeuer, und dem Gerichtsfreund blieb keine Wahl, als den
geständigen Mörder der Justiz zu übergeben. So wurde nach der
Prophezeiung seines Opfers letztendlich der Mörder durch den
Verrat der Fliegen seinem gerechten Urteil zugeführt.

Anzumerken ist, dass dieses piratenähnliche Verhalten aufdeckt,
was die offizielle Geschichte oft zu erwähnen vergisst. Piratenangriffe wurden als verwerfliches Unrecht laut in die Welt hinausge-
schrien. Harmonische Abkommen zwischen Piraten und Inselbevölkerung zur Bereicherung beider erblickten nur selten das Licht
der Öffentlichkeit. Alle wissen es, aber keiner spricht.

Pico

Der Walfänger

An einem sonnigen Junitag waren die Männer auf der Azoreninsel Pico bedachtsam damit beschäftigt, Mais zu ernten und Kartoffeln auszugraben, während ihre Frauen die frischen Feldfrüchte eifrig dazu benutzten, sie in duftenden Maisbrei oder deftige Kartoffel-Fisch-Gerichte zu verwandeln.

Plötzlich veränderte der Signalton vom Walausguck diese gemächliche Atmosphäre in aufgeregte Hektik. Die Männer ließen ihre Hacken und Spaten fallen, banden die vollbeladenen Esel neben den Steinmauern fest und eilten so schnell zum Hafen, dass den Frauen kaum Zeit blieb, ihnen ihre Essenstaschen zuzustecken. Schon entschwanden die Walfangboote am Horizont den Blicken der spannungsvoll wartenden Frauen und Kindern.

Ehrfurcht breitete sich unter den Walfängern aus, als sie des ruhig im Wasser dahinziehenden Wals ansichtig wurden. Es war ein Pottwal überdurchschnittlicher Größe. Nicht nur würde er ihnen einen Reingewinn von mindestens 100 Fässern Tran bescheren, sondern natürlich schürte die Herausforderung des Erlegens einer so großen Beute auch den Wettkampfgeist der Walfänger. Prüfend sahen sie einander an. Der Harpunier im vorderen Boot straffte sich zu voller Größe auf. Er war zum Wurf bereit. Das Eisen blitzte und traf zielsicher und genau. Vor Freude und Stolz strahlten alle Männer. Doch der verwundete Wal, vor Schmerz von Sinnen, tauchte und schoss davon.

Schnell spulte sich das Tau der ersten Rolle ab, schon zurrte das Ersatztau in die Fluten. Der Harpunier, ein Hüne von einem Mann, sah seinen stolzen Fang entkommen. Blitzschnell band er das Tauende um seinen Rumpf, und schon hatte der Wal ihn über Bord gerissen. Umsonst griffen seine Kameraden nach ihm, ihre Hände fassten ins Leere.

Bis zum Dunkelwerden fuhren die Walfangboote in alle Richtungen und suchten die Leiche des tapferen Harpuniers. Wal und Mann blieben unauffindbar.

Der Mond glitzerte schon auf den schaukelnden Wellen, als sie zum Hafen zurückkehrten. Überschäumende Freude verwandelte sich in trostloses Entsetzen. Die Familie des Harpuniers zog Trauerkleidung an, die Nachbarn und Freunde kamen, und alle weinten und jammerten über den Verlust dieses wagemutigen Mitglieds ihrer Walfängergemeinde. Ehrfurchtsvoll berichteten seine Freunde immer wieder, wie unerschrocken der Harpunier seine tollkühne Tat vollbracht hatte.

Am nächsten Morgen liefen einige Boote aus, um das öffentliche Gewissen zu beruhigen und zu versuchen, der Leiche des erstaunlichen Walfängers ein gebührendes Begräbnis zu ermöglichen. Plötzlich sahen die Männer einen schwarzen Fleck am Horizont. Hastig ruderten sie auf ihn zu und konnten ihren Augen kaum glauben. Auf dem riesigen Kadaver des Pottwals stand, lässig an seine tief in den Speck gerammte Harpune gelehnt, der tot geglaubte Walfänger. Mit überkreuzten Armen schmauchte er stirnrunzelnd einen selbstgedrehten Zigarrenstummel. Leicht verärgert schnarrte er: „Da kommt ihr erst jetzt! Ich habe die ganze Nacht auf euch gewartet." Na, wenn das kein toller Hecht war!

Der Fischer und die *Labregos*

Bis vor gut hundert Jahren glaubte man in Pico fest an die Existenz von *Labregos*, eine Art böswilliger Gnome, die am 2. Februar, in der Nacht von Nossa Senhora das Candeias, aus dem Meer steigen, um acht Monate im bewaldeten Inselinneren ihr Unwesen zu treiben. Bis heute bewahrt sich eine gewisse Scheu vor diesen Nächten im Februar und September, und die Einwohner aller Azoreninseln werden es in ihnen nach Möglichkeit vermeiden, nach Einbruch der Dunkelheit in See zu stechen, selbst an die Küste zu gehen oder überhaupt das Haus zu verlassen. Dafür werden sie sich doppelt vergewissern, dass ihre Haustüren und Fenster verschlossen sind.

Ein Mann aus Calheta beschloss jedoch, gerade in der zweiten Februarnacht fischen zu gehen. Vielleicht tat er es wirklich aus Notwendigkeit, denn Fischfang war und ist vielerorts die einzige Quelle des Lebensunterhalts in den Azoren, oder er war einfach einer jener Menschen, die sich großspurig damit brüsten, sie hätten vor nichts Angst. Die Nacht war auf jeden Fall, wenn auch pechschwarz, nicht sonderlich stürmisch, und so setzte er sich gemütlich zwischen die Steine an die Küste. Die mitgebrachte Laterne löschte er unbekümmert aus, sobald er sein Fischgerät und seine selbstgedrehte Zigarre versorgt hatte. Sorgfältig warf er seinen Köder aus, legte zur Sicherung lässig ein Bein über die Angelrute und lehnte sich, genüsslich schmauchend, an einen Lavafelsen zurück.

Während er so entspannt darauf wartete, dass ein Fisch anbisse, hörte er plötzlich in der Dunkelheit genau hinter seinem Rücken eine heisere Stimme flüstern: „Worauf wartest du? Nun wirf ihn

schon ins Meer!" Umgehend seufzte eine vor Enttäuschung trie-
fende Stimme: „Das kann ich leider nicht, denn er hat Knoblauch,
Gallapfel und Aschenkuchen gegessen."

Dem Fischer stellten sich vor Entsetzen die Haare zu Berge. Der
Zigarrenstummel fiel ihm aus dem vor Schreck geöffneten Mund
und verglühte zischend in einer Strandpfütze zu seinen Füßen. Eilig raffte er seine Angelutensilien zusammen und hastete, so
schnell ihn seine Beine trugen, nach Hause. Zitternd verrammelte
er sämtliche Türen und Fenster und lag noch lange unter seiner bis
zu den Ohren hochgezogenen Bettdecke wach. So angestrengt er
jedoch lauschte, in die Sicherheit seines Hauses verfolgten ihn die
labregos nicht.

Am nächsten Morgen verbreitete sich die Geschichte wie ein Lauffeuer, denn auf den kleinen Azoreninseln passiert keiner Einzel-
person je etwas, ohne dass es binnen Stunden die gesamte Bevölkerung weiß. Überall raunte man sich zu, dass die Stimmen den
gefürchteten Gnomen gehört haben mussten. Die älteren Generationen ließen den Anlass nicht verstreichen, um mit ernsten Ge-
sichtern daran zu erinnern, die überlieferten Traditionen ehrfürchtig mit Respekt zu behandeln. Deshalb spielen in diesen ungeheu-
erlichen Nächten auch im modernen Internet-Zeitalter die Kinder

auf Pico ihre Video-Games und Playstation lieber geborgen zuhause als in einem Fischerboot oder an der Küste zu sitzen – wo es sowieso keinen Netzanschluss gäbe.

Nesquims Bucht

Im 16. Jahrhundert wurde das Meer um die Azoren von vielen Handelsschiffen durchkreuzt, die kostbare Ware und große Reichtümern aus der Neuen Welt nach Europa transportierten. Dass mit den temperamentvollen Wetterlaunen des Ozeans nicht zu spaßen war, hatte sich bald unter den Seefahrern herumgesprochen, und so verlief der meiste Schiffsverkehr in den Sommermonaten zwischen Mai und Oktober. Trotzdem war besonders auch der September dafür bekannt, dass sich plötzlich wild tobende Stürme zusammenbrauten, die die härtesten Seeleute das Fürchten lehrte.

In einer dunklen Nacht im verhängnisvollen Monat September wurde dann auch vor der Südküste von Pico, einer der fünf Inseln in der Zentralgruppe des Archipels, ein mit wertvollem Teakholz beladenes Schiff von einem solchen Unwetter überrascht. Erbarmungslos schleuderten die mächtigen Wellen das vollgeladene Schiff hin und her, bis die Ladung so sehr verrutschte, dass es in Seitenlage dem gierigen Ozean ungeschützt Einlass gewährte und mit dem Großteil der Besatzung versank.

Nur drei Männer konnten sich retten, indem sie, orientierungslos in der heulenden Schwärze, blindlings dem treuen Schiffshund Nesquim folgten. Unfehlbar witterte er die Nähe der Küste und schwamm auf sie zu. Schon hörten die erschöpften Männer die Dünung gegen den steinigen Strand donnern. Undeutlich zeichnete sich eine steile Klippenwand ab. Dann erspähten sie das helle Fell Nequims, wie er sich das Wasser aus dem Pelz schüttelte. Mit letzter Kraft zogen sich die Männer auf den Strand der kleinen Landzunge, die sie nach einem dankbaren Gebet umgehend Nesquims Bucht nannten.

Die drei Männer ließen sich an unterschiedlichen Stellen der Insel heimisch nieder, aber in der kleinen Bucht siedelten sich Walfänger und Fischer an, die auf der ganzen Insel wegen ihrer Erfahrung und Härte Achtung und Respekt erwarben. Der Schiffshund Nesquim lebte bis zu seinem Tod unter ihnen, und noch heute erinnert Calheta do Nesquim daran, wie ein Hund durch seine mutige Entschlossenheit drei Männern das Leben rettete.

Senhor Jesus und Senhora Santa Barbara

Nach einem schweren Herbststurm fanden auf der Azoreninsel Pico, in der Nähe des Hafen von Ribeiras, Fischer eine solide Holzkiste, die von den Wellen zwischen die Steine gespült worden war. Sie zogen die Kiste an Land und versuchten sie auf jede mögliche Weise aufzubekommen, aber es gelang ihnen einfach nicht.

Neugierig spielten die Kinder um sie herum, unter ihnen ein unbekümmerter Junge von ungefähr vier Jahren. Alle hielten überrascht inne, als er ohne jede Anstrengung den Deckel abhob, um dessen Öffnen sich die Männer vorher schweißtriefend bemüht hatten. Noch größer wurde das Erstaunen, als sie in der Kiste die Statue eines gekreuzigten Jesus fanden, die sofort liebevoll Senhor Jesus, Herr Jesus, genannt wurde.

Noch bevor am selbigen Tag das Abendrot der Insel eines der beeindruckenden schillernden Farbspektakel bot, entdeckten Entenmuschelsammlerinnen etwas weiter die Küste entlang zwischen dem durch die Ebbe vom Wasser befreiten Lavagestein eine Statue der Heiligen Barbara. Die Bewohner waren über diesen Doppelfund außer sich vor Freude und beschlossen, da es zwei Kirchen in ihrer Siedlung gab, die Heilige Barbara in die Kirche beim Hafen von Ribeiras zu bringen und dem Senhor Jesus einen Ehrenplatz in der Kirche nahe der Fundstelle der Heiligen einzurichten.

Als sich am nächsten Morgen die ersten Gläubigen zum Gebet versammelten, stellten sie verwundert fest, dass die beiden Statuen ihre Plätze vertauscht hatten, obwohl niemand zugab, sie hin- und hergetragen zu haben. Kopfschüttelnd trugen die Gemeinden ihre neuen Fundstücke wieder in die von ihnen bestimmten Kirchen zurück. Zu ihrer großen Verwunderung mussten sie dieses Spielchen jedoch noch dreimal wiederholen, ohne dass fremde Hand im Spiel gewesen wäre. Eine alte Witwe, die in mondhellen Nächten nicht zu schlafen vermochte, behauptete sogar, beobachtet zu haben, wie sich die Wege der beiden Statuen kreuzte, als sie zu den von ihnen in eigener Hartnäckigkeit gewählten religiösen Stätten eilten.

Schließlich beschlossen die Gemeinden, dem Willen der angeschwemmten Statuen nachzugeben, und richteten jedes Jahr zur Zeit ihres Erscheinens ein fröhliches Fest aus. Die Stelle, wo die Statue des gekreuzigten Jesus an Land gespült worden war, nannte man Santa Cruz. Der Stein auf dem der Senhor Jesus gefunden wurde, galt der Bevölkerung als heilig. Als er 1980 im Rahmen der Ufersanierung unter Beton zu verschwinden drohte, wurde er rechtzeitig fortgetragen und kann heute in dem kleinen Gartens neben der Kirche von Santa Cruz besichtigt werden.

Das Hungerjahr

Es war ein schlimmes Jahr des Hungerns. Die Trockenheit auf Pico wollte einfach nicht enden. Der Mais wuchs nicht hoch, und natürlich gab es so auch keine neuen Saatkörner. Aus Calla-Blumen und Farn wurden Brei und Brote zubereitet, und doch verloren die Einwohner nie ihren Glauben an den Heiligen Geist. Deshalb blieben auch überall die zurückgelegten Vorräte für die Heilig-Geist-Festlichkeiten weitgehend unangerührt.

Zwei Schwestern aus Santa Barbara hatten zu diesem Zweck zwei Säcke Weizen auf hohen Lattenrosten vor den Ratten geschützt. Als sie nun gar nichts mehr zu essen hatten, pulten sie mit einer Nadel in jeden Sack ein winziges Loch und holten so nach und nach jeweils ein Weizenkorn heraus, wenn sie es vor Hunger einfach nicht mehr aushielten.

Als sich die Zeit der Heilig-Geist-Festlichkeiten näherte, hatten sie zwar noch mehr Weizen, als sie Korn für Korn verbraucht hatten, aber die Säcke waren keineswegs mehr voll. Eines Nachts wachten die Schwestern von einem seltsamen Geräusch in der Vorratskammer auf. Schnell sprangen sie aus ihren Betten, um mögliche Ratten in die Flucht zu schlagen. Zu ihrem Erstaunen fanden sie jedoch die Säcke randvoll mit Weizen gefüllt und sogar auf den Boden war noch ein so großer Überschuss gerieselt, so dass sie den Hunger für einige Zeit aus ihrem Haus verbannen konnten.

Allgemein wurde diese Überraschung als Zeichen des Heiligen Geistes gepriesen, der durch das Auffüllen der Säcke die selbstlose Enthaltsamkeit der Schwestern anerkannte und belohnte. Tatsächlich unterstützen bis heute die Heilig-Geist-Gesellschaften notdürftige Mitmenschen, ohne großes Aufheben darum zu machen.

Vom Mädchen, das eine Hexe werden wollte

In einer kalten Winternacht in den Azoren waren in der Ortschaft Calheta auf der Insel Pico Nachbarn in einem Haus zusammengekommen, wie es alters üblich war, um am warmen Herdfeuer die Abendstunden gesellig zu verbringen. Tante Leal entsann sich mit leuchtendem Blicke lehrhafter Erzählungen aus alter Zeit, während die jungen Mädchen mehr an den haarsträubenden Geschichten von Vampiren und Hexen interessiert waren. Besonders ein 18-jähriges Mädchen war so hingerissen von diesen Gruselberichten, dass sie schließlich sehnsüchtig seufzte: „Ach, wäre ich doch auch eine Hexe!"

Bis kurz vor Mitternacht spann der eine von Werwölfen, die andere von Heiligenwundern, doch dann gähnten sich trotz des interessanten Zeitvertreibs die Nachbarn dermaßen herzhaft an, dass sie sich nach und nach verabschiedeten. Das 18-jährige Mädchen musste nur einen kurzen Weg bis nach Hause gehen, doch der führte durch einen laubenartigen Pfad, an dessen Anfang sich eine schon ältere Frau zu ihr gesellte und ihr vertraulich zuflüsterte: „Möchtest du wirklich eine Hexe werden?"

Das Mädchen versuchte erstaunt, im Schatten der Dunkelheit das Gesicht der Frau zu erkennen, und erwiderte stotternd, dass sie das wohl gesagt habe. Ehe sie mit den Augen zwinkern konnte, befand sie sich drei Kilometer weiter auf dem Pico Ruivo. Zu ihrem größten Erstaunen erschienen von allen Seiten Hexen, die, sich wie in Trance wiegend, um einen Ziegenbock herum tanzten, der sich mit hochmütigem Blick als ihr Beschützer aufspielte, und den sie der Reihe nach auf das Hinterteil küssten. Alle waren in bester Stimmung, denn das Mädchen sollte ja zeremoniell in ihre Reihen aufgenommen werden. Als die 18-jährige jedoch aufgefordert wurde, ihrerseits den Po des Ziegenbockes zu küssen, überkam sie unweigerlich Übelkeit und sie rief voller Ekel: „Mutter Gottes, was soll ich da bloß tun?"

Kaum hatte sie den Namen Marias ausgesprochen, zerbarst der Spuk in Funken und Rauch, und das Mädchen fand sich splitterfasernackt in einem Brombeergestrüpp wieder. Dort entdeckten sie am frühen Morgen einige Männer, die zu ihren Feldern unterwegs waren. Sie begriffen sogleich, was sich in der Nacht zugetragen hatte. Missbilligend schüttelten sie ihre Köpfe, befreiten das von den Brombeeren zerkratzte und vor Kälte zitternde Mädchen und ließen sie ihre Arbeitsjacken anziehen. Dann brachten sie die Beschämte umgehend zum Haus ihrer Eltern – und schon gab es wieder eine Geschichte, die an kalten Winterabenden um warme Herdfeuer erzählt werden konnte.

Faial

Die königliche Krone von Cedros

Es wird behauptet, dass zur Zeit der kastilischen Regentschaft in den Azoren die Angriffe der nordafrikanischen Piraten in dem atlantischen Inselarchipel besonders zahlreich waren. Daraufhin entwickelten die Einwohner von Faial schließlich eine Abwehrstrategie, um sich möglichst wirkungsvoll zur Wehr setzen zu können.

So gelang es eines Tages den Einwohnern nach Überwindung des ersten Schrecks über einen weiteren Angriff, die wilden Seeleute zum Rückzug zu zwingen. Bei der überstürzten Flucht verlor der Piratenanführer seine reich verzierte Krone. Als sich die Angreifer noch außer Atem auf dem sicheren Schiff wieder eingefunden hatten, wollte ihr Kapitän dann doch nicht auf sein Machtsymbol verzichten und überredete seine Mannschaft, erneut einen Vorstoß aufs Land zu wagen. So sehr sie jedoch überall suchten, so wenig fanden sie die wertvolle Krone. Schließlich mussten sie entrüstet abziehen. Ihr argwöhnischer Kapitän schwor, die Insel nie wieder betreten zu wollen – was den Einwohnern Faials sicherlich nur recht sein konnte.

Inzwischen hielt eine schlaue Frau aus der Ortschaft Cedros ihr Geheimnis geschickt unter ihren Röcken versteckt. Sie war bei der Verfolgung der Piraten über die zurückgelassene Kostbarkeit gestolpert, und da das Prunkstück einem glatten Reifen ohne hinderliche Zacken glich, hatte sie sich die Piratenkrone mit dem funkelnden Edelstein kurzerhand wie einen Fingerring über ihr linkes Bein gestreift.

Natürlich hatte die Frau geahnt, dass die Seeräuber die Insel auf der Suche nach dem verlorenen Würdeabzeichen noch einmal durchkämmen würden. Selbst nach dem Absegeln des Piratenschiffes blieb sie misstrauisch, argwöhnte vielleicht eine nochmalige Rückkehr.

Einige Tage später schwoll allerdings ihr linkes Bein an, auf dem sie die Krone stramm hochgezogen hatte. Also musste sie ihr Geheimnis preisgeben, und man wusch ihr Bein mit Wasser und aus Asche gefertigter Seife in der Hoffnung, dass das Schmuckstück abrutschen würde. Die Krone saß jedoch so fest, dass sie schließlich unter viel Geschrei und Gezeter durchgeschnitten werden musste. Der wertvolle Edelstein litt nicht, aber noch heute sieht man deutlich in der getriebenen Silberdekoration, wo sie gelötet wurde.

Jedes Jahr wird dieser wertvollen Piratenkrone ein Ehrenplatz im Haus des Organisators bei den Heilig-Geist-Feierlichkeiten eingeräumt. Während der Prozession in Cedros trägt man jedoch nur eine Imitation durch den Ort. Wer weiß schon, ob der Piratenkapitän nicht noch einmal zurückkommen wird, um seinen Anspruch geltend zu machen.

Lebendig begraben

Vor gut 200 Jahren verliebte sich auf der Azoreninsel Faial Amélia, die Tochter der aristokratischen Familie Quadros, in einen unbegüterten jungen Mann, namens Alfredo. Obwohl der junge Mann wegen seiner Intelligenz und seines Arbeitseifers bereits in Horta eine gute Stellung bei einer englischen Firma gefunden hatte, die den berühmten Verdelho-Wein aus Pico exportierte, fand er natürlich in den Augen des standesbewussten Familienoberhauptes Quadros keine Gnade. Amélia und Alfredo mochten sich zwar ewige Liebe schwören, doch der Schicksalsweg der jungen Adeligen war bereits für das Klosterleben vorbestimmt. Vergeblich beschwor Amélia ihren Vater, sie nicht Nonne werden zu lassen. Doch der Vater blieb ungerührt bei seinem Vorhaben, und schließlich fand sich Amélia beim Noviziat im Kloster Sao Joao wieder.

Während die Nonnen vergeblich versuchten, das Interesse der jungen Adeligen auf religiöse Lehren zu lenken, träumte das junge Mädchen nachts von Alfredos feurigen Küssen auf ihren brennenden Lippen. Kurz vor Vollendung des Noviziats begab sich Amélias Vater wieder ins Kloster, nur um von seiner Tochter abermals zu hören, dass sie nie Nonne werden wolle. Ja, sie beabsichtige sogar, den Eid zu verweigern. Mit drohendem Blick wandte sich der Adelige seinem widerspenstigen Nachwuchs zu und erklärte in kalter Ruhe, dass er seine Tochter im Falle ihres Ungehorsams acht Tage lang säbelschafthoch eingraben werde, um ihren Willen zu brechen.

Voller Verzweiflung schrieb Amelia einen flehenden Brief an Alfredo. Die umgehende Antwort des jungen Mannes bot jedoch keine Hoffnung, denn der angehende Handelsmann wurde gerade in diesem Moment aus Geschäftsgründen nach England geschickt.

Das von allen verlassene Mädchen versank in trostlose Traurigkeit. Während am Tag des Noviziatabschlusses das Kloster von erwartungsvoller Vorfreude widerhallte, fiel Amélia fast in Ohnmacht, als sie zum Eid aufgerufen wurde. Mit kalter Stimme erinnerte sie der Vater an ihre Verpflichtung. Voll ungläubigen Entsetzens erkannte die junge Adelige, wie wenig die ihr Nahestehenden sich um ihr Leid besorgten. Kraftlos hauchte sie: „Auf Ihren

Wunsch, gestrenger Vater, werde ich jetzt lebendig begraben." Die wallenden blonden Locken fielen, von der scharfen Schere zerschnitten, leblos zu Boden. Das Herz schien dem Mädchen in der Brust zu zerspringen, und hellrotes Blut tropfte zwischen ihren lieblichen Lippen auf ihr reinweißes Taschentuch, als sie den Eid nachsprach.

Der Nonne Amélia da Purificacao, der reinen Läuterung, fehlte die Kraft, Alfredo je wieder zu schreiben. Im darauf folgenden Frühjahr, als alle Rosen, die sie angepflanzt hatte, gerade in voller Blüte standen, verstarb die junge Adelige, ohne das ihr fehlender Herzschlag irgendjemanden nachhaltig betrübt hätte.

Alfredo überwand seinen Schmerz schnell und heiratete ein wohlhabendes Mädchen aus einer englischen Kaufmannsfamilie. Der ehrbare Adelige Quadros lebte noch viele Jahre, von jedermann geliebt und respektiert. Eines Morgens lag er anscheinend tot in seinem Bett. Mit großem Pomp und angemessener Trauerzeremonie trug man ihn nach Carmo in die Familiengruft der Quadros.

Ein paar Jahre später musste das undichte Obergeschoss der Gruft ausgebessert werden. Als die Maurer die Platten abhoben, entdeckten sie auf den obersten Treppenstufen ein kauerndes Skelett. Sie riefen den Küster, und dieser ermittelte mit Hilfe der Kirchenbücher, dass Amélias Vater als letzter in der Gruft beigesetzt worden war. Und so erhielt der hartherzige Adelige, der seine Tochter lebendig im Kloster begraben ließ, seine gerechte Strafe, denn auch er wurde lebendig begraben, in der prunkvollen Familiengruft der hochwohlgeborenen Familie Quadros. Den Familienname findet sich heutzutage auf verschiedenen Inseln der Azoren. Keine Familie erinnert sich jedoch, ihre Linie zu dem hier beschriebenen Familienoberhaupt zurückverfolgen zu können. Nun denn!

Der vom Feuer verschonte Backofen

In der Ortschaft Capelos auf Faial, einer der fünf Inseln der azoranischen Zentralgruppe, lebte einst eine arme Frau, die viele Kinder hatte. Um sie alle satt zu bekommen, backte sie jeden Tag Maisbrot und Maiskuchen, und danach hatte sie immer noch genug Reste für diejenigen ihrer Nachbarn übrig, die noch ärmer waren als sie.

Als 1672 ein Vulkan ausbrach, floh die Bevölkerung in Panik vor den üppig fließenden Lavaströmen. Die heiß glühenden Gesteinsmassen zerstörten alles in ihrem Weg, verbrannten Häuser, Bäume und selbst die Ernte auf den Feldern. So unerwartet wie die Erde angefangen hatte zu zittern und zu spucken, so plötzlich beruhigte sie sich wieder. Die Lava erkaltete, und die Menschen kehrten dorthin zurück, wo sie vorher ihre Besitzungen gehabt hatten.

Capelos war von dem Lavaausguss gleichmäßig überzogen worden. Nur der Backofen der armen Frau mit den vielen Kindern stand gleichmütig, von dem erstarrten Gestein unangetastet, wie auf einer kleinen Insel. Freundlich lehnte der Brotschieber an ihm, allzeit bereit, die Armen der Ärmsten vom Hunger zu befreien.

Der Bohnenpudding der Mönche von Horta

Vor noch nicht allzu langer Zeit lebte einmal eine sehr reiche Familie auf der Azoreninsel Faial, die einen einzigen Sohn hatte. Natürlich erhielt er jedermanns Aufmerksamkeit, bis er schließlich so eingebildet war, dass er selbst dem eigenen Vater nicht mehr gehorchen wollte – was zu jener Zeit noch frevelhafter erschien als heute. Eigenwillig schlug er die Heiratsvermittlungsversuche aus, die ihm durch eine standesgemäße Verbindung sein Familienvermögen vergrößern helfen sollten. Der Vater war schließlich so erzürnt darüber, dass sich sein Sohn derartig hartnäckig seinem Willen widersetzte, dass er ihn als Mönch in ein Kloster schickte.

Dem jungen Mann aus gut behütetem Hause schmeckte das karge Leben in religiöser Weltentsagung zwar nicht, doch gelegentlich munterten ihn seine Eltern mit Essenspakete voller fast vergessener Köstlichkeiten auf. Dabei überkam ihn einmal das Gelüst, eine Lieblingsnachspeise nachzumachen, mit der ihn in früheren Zeiten das Dienstpersonal im Hause seines Vaters verwöhnt hatte. Verlegen begab er sich in die Klosterküche, verrührte weiße Bohnen mit Eiern, Mandeln und Zitronat und stellte die Puddingmasse dann in den Ofen. Zu seiner größten Freude gelang der Versuch, und genussvoll verschlang er mit seinen Mitbrüdern die wiederentdeckte Delikatesse.

Die Süßspeise wurde so beliebt, dass sie von da ab an allen Festtagen angefertigt wurde. Eines Tages entwich das Rezept den Klostermauern, und die örtliche Bevölkerung kam auch auf den Geschmack. Heute ist der Bohnenpudding der Mönche von Horta eine beliebte Spezialität, deren Namen man sich merken sollte: Pudim de Feijão dos Frades do Convento da Horta. Lecker, lecker, hm!

Welche Sakristei X?

Am Abend des 14. August 1760 waren die Jesuiten damit beschäftigt, die Feierlichkeiten zu Mariä Himmelfahrt vorzubereiten. Die untergehende Sommersonne badete die Hafenstadt Horta auf der Azoreninsel Faial in warme Behaglichkeit. Während das portugiesische Kriegsschiff Nossa Senhora da Natividade in der ruhig schaukelnden Bucht vor Anker ging, waren die Glaubensbrüder bestrebt, ihre Kollegkirche, die Igreja do Colégio, in strahlendem Glanz herauszuputzen. Eine große Anzahl Lichter leuchtete durch das bunte Glas der Kerzenhalter, der kostbare Altarschmuck funkelte, die Goldquasten verströmten gediegene Opulenz, und das Silbergeschirr blitzte und warf Lichtreflexe an die Wände im flackernden Kerzenschein.

Und doch bewegten sich die Klosterbrüder in ungewohnter Hast. Ihre Gesten waren schneller, ihre Stimmen weniger getragen, die liturgischen Zeremonien kürzer als gewöhnlich, denn sie waren sich der Gefahr wohl bewusst, die von dem im Hafen schaukelnden Schiff ausging. Unbeweglich beobachtete der Kapitän, wie die Bevölkerung geschlossen zur Messe eilte. Nicht einer fehlte, alle waren sie gekommen, vom reichen Stadtrat bis zum einfachen Küchenjungen. Wohl wussten alle, dass die erleuchtenden Lehren der Jesuiten dem Marquês de Pombal ein Dorn im Auge waren.

Die Jesuiten ahnten nichts Gutes. Weitdenkend, schien es ihnen ratsam, vorsorglich zu handeln. Zusammen mit einem afrikanischen Knecht begaben sie sich nach den frommen Feiertagsakten mit Spitzhacken, Schaufeln und Spaten in die nun zur Nachtruhe verdunkelten Kirche. In einer der Sakristeien öffneten sie einen tiefen Graben, in den sie die reichen Zierschätze legten, die vorher die Kirche geschmückt hatten. So begruben sie eine schwere, mit Edelsteinen besetzte Monstranz aus getriebenem Gold, Leuchter aus massivem Silber, einen prunkvollen Pokal, in dem die neun eingelegten Edelsteine die neun Inseln der Azoren darstellten, sowie die wertvolle Sakramentskerze und unzählige Geldstücke und anderweitige Wertobjekte des Jesuitenkollegs.

Nach vollbrachter Tat legten sich die Mönche zur unruhigen Nachtruhe, denn keiner wusste mit Sicherheit, was der morgige Tag bringen würde. Friedvoll erhob sich die nichtsahnende Sonne aus dem östlichen Meer, so lieblich, wie sie am Abend zuvor im Westen untergegangen war. Es lag jedoch eine nichts Gutes verheißende Spannung in der Luft, als die Geistlichen ihre Messe zu Ehren Mariä Himmelfahrt zelebrierten. Und kaum waren die religiösen Feierlichkeiten abgeschlossen, wurden Kirche und Kloster von den portugiesischen Truppen umstellt.

Die Jesuiten hatten der Einschüchterung des Kommandanten nichts entgegenzusetzen. Demütig verließen sie ihre Sakristei in geschlossener Ergebenheit und begaben sich an Bord des Kriegsschiffes. In ihren gefalteten Händen trugen sie nichts mit sich als ihr Brevier. Bald darauf lichtete die Besatzung die Anker, und eine hilfreiche Brise blähte unternehmungslustig die Segel auf. Elegant glitt das Schiff aus dem Hafen der portugiesischen Hauptstadt entgegen.

Über das Schicksal der Jesuiten wurde die Bevölkerung Faials nicht unterrichtet, aber sie erfuhren es trotzdem. Erst auf dem Sterbebett beichtete der treue afrikanische Knecht einer Nonne des Glória-Klosters das Geheimnis des Jesuitenschatzes. Verwundert entdeckte man in der kärglichen Hinterlassenschaft dieser Nonne ein von der Zeit vergilbtes Papier mit einer verschlüsselten Nachricht: *Der Afrikaner hat mir gesagt, dass er dabei geholfen hat, die Kisten mit dem Schatz des Jesuitenklosters in der Sakristei X zu vergraben.* Die Notiz half freilich wenig, denn bis heute weiß man nicht, welche der fünf Sakristeien die sagenumwobene Sakristei X ist, unter der die immensen Reichtümer versteckt wurden.

Flores

Die Marienstatue und die Piraten

Es war Anfang des Jahres 1672, zu einer Zeit, als Piraten nicht abließen, sich mit den Atlantikstürmen abzuwechseln, um die Bewohner der Azoren in Angst und Schrecken zu versetzen. Sie plünderte und mordeten und waren dabei nicht wählerisch, benötigten sie doch Lebensmittel so notwendig, wie sie habgierig wertvolle Gegenstände aus Häusern und Kirchen entwendeten.

So heiter denn auch ein Januartag des besagten Jahres anfing, so schnell verfinsterten sich die Gesichter der Einwohner von Flores, als sie eine eindrucksvolle Schiffsflotte ihrer Insel sich nähern sahen. 27 Schiffe unter holländischer Flagge zählten sie, und dass deren Besatzungen freibeuterische Absichten hegten, argwöhnten sie, von Erfahrung gezeichnet, noch ehe die Ruderboote zum Landgang ins Wasser gelassen wurden und sie deutlich erkennen konnten, wie schwer bewaffnet, die Angreifer waren.

Guter Rat war teuer, denn auf den ersten Blick erkannte jeder Insulaner, dass die Piraten ihnen an Zahl und Wehrhaftigkeit weit überlegen waren. In ihr Schicksal ergeben, sammelte sich die Gemeinde zum letzten Gebet in der Kirche, der Igreja da Conceicao, wo ihnen ihr Priester Mut zusprach und sie dann dazu aufforderte, ihren Glauben verteidigend, dem Tod ins Auge zu sehen. Gehorsam schulterten die Gläubigen die kleine Marienstatue und trugen sie im Zug zu der Stelle, wo die Feinde an Land gehen würden.

Die Waffen schwingenden Angreifer grölten höhnisch in ausgelassener Zerstörungswut. Fast hatten sie die Anlegestelle erreicht. Mild lächelnd, schwebte die Marienstaue über den Köpfen der dicht zusammengedrängten kleinen Prozession. Da brach plötzlich, ohne jede Vorwarnung, ein tosender Sturm los. Der Regen peitschte die zitternden Inselbewohner, die Marienfigur schwankte, trotzte dann aber den wilden Elementen. Der Wind blähte die Segel der Schiffe auf und blies mit derartiger Kraft, dass die kleinen Boote trotz angestrengtesten Ruderns in entgegengesetzter Richtung von der Küste fortgetrieben wurden. Bald türmten sich die Wellen so hoch, dass die Ruderboote wie Nussschalen auf den Wasserbergen und -tälern hin und her geschaukelt wurden. Ihre Besatzungen hatten nun nichts Eiligeres im Sinn, als Zuflucht in den Schiffen zu finden. Diese liefen dann, so schnell sie konnten, aus, um der Gefahr zu entkommen, an der felsigen Steinküste zu zerschellen.

Erstaunt wurde die durchnässte Prozession von dem wilden Atlantikwind durchpustet. Huldvoll lächelnd, schwebte die kleine Marienstatue über ihren Köpfen und sah den fliehenden Piraten triumphierend hinterher.

Über viele Jahrhunderte ehrten die Einwohner von Flores aus Dankbarkeit jedes Jahr diesen Tag mit einer Prozession für die Senhora dos Navios, die Maria der Schiffe. Die alt ehrwürdige Marienstatue hat inzwischen ihren Ruheplatz in der Sakristei der Kirche gefunden und lächelt immer noch jedem Besucher huldvoll entgegen.

Wie der Ort Caveira, Totenkopf, seinen Namen erhielt

Im 16. Jahrhundert lag die Azoreninsel Flores genau an der Strecke, auf der die portugiesischen und spanischen Karavellen ihre Reichtümer aus Amerika nach Europa brachten. Ab und zu gerieten diese Karavellen durch heftige Stürme in arge Bedrängnis, kenterten und versenkten ihre Schätze auf Nimmerwiedersehen auf dem Meeresboden. Gelegentlich erlitten die Karavellen ein ähnliches Schicksal, weil Piraten sie angriffen und ausraubten. Strandgut und Flüchtlinge wurden an die Küste gespült.

Vielleicht ergriffen manchmal auch die Inselbewohner die Gelegenheit, in den Besitz der aus Amerika und Asien stammenden, für den europäischen Markt bestimmten Luxusartikel zu kommen, um den täglichen Überlebenskampf im rauen Atlantik ein wenig aufzuheitern. Sicherlich wiesen die Einwohner unter keinen Umständen angeschwemmte Schätze zurück, gewährten dafür aber auch Schiffbrüchigen oft eine neue Heimat.

So wurde auch in einer stürmischen Nacht im Februar ein Seemann unsanft an die Nordostküste von Flores gespült. Er war total durchfroren und verhungert. Fürsorglich kümmerten sich die Bewohner des Küstenstreifens um ihn und nahmen ihn in ihrer Mitte auf. Gutwillig fügte sich Demetrius in das gesellschaftliche Leben, ließ sich häuslich nieder, heiratete und bekam Kinder. Allerdings bewahrte er sich zeitlebens seinen Glauben, der eindeutig von dem vorherrschenden Katholizismus seiner Nachbarn abwich. So bezweifelte er die Existenz des Fegefeuers und glaubte, die Seele des Menschen zirkuliere in seinem Blut. Im Moment des Todes trenne sich diese vom Körper und flöge in einen Vogel, der sich auf einen Baum setze, wo er als symbolische Wiedergeburt der Göttin Morana durch seinen melodischen Gesang dem Sterbenden den Übergang in den ewigen Traum erleichtere.

In bestem Nachbarschaftsverhältnis mit den anderen Inselbewohnern bewahrte sich Demetrius diesen Glauben, bis er im hohen Alter plötzlich erkrankte und kurze Zeit später starb. Genau in dem Moment seines Todes flog eine Bachstelze auf die nächststehende Wachsmyrte, dem verbreitetstem Baum in den Azoren zu jener Zeit. Doch sie blieb stumm und sang nicht, um Demetrius Seele den Weg ins Paradies zu erleichtern. Seine Frau war deswegen beunruhigt, sagte jedoch nicht, und so wurde ihr Mann ohne Zögern auf der nächsten Hügelspitze beigesetzt.

Wenig später erspähten die Anwohner auf der Hügelspitze einen Totenkopf, der von innen heraus leuchtete. Die erschreckte Bevölkerung sah dies als Zeichen, dass Demetrius Seele um Fürbitte bat, um im Fegefeuer Einzug erhalten zu dürfen. Die Nachbarn und Freunde beschlossen, während der Messe Gebete für ihn zu sagen und Rosenkränze für seine Seele zu beten.

Erstaunt beobachteten sie wenig später, wie die Bachstelze auf die Wachsmyrte flog und dort in den zartesten Tönen zu zwitschern begann. Zur selben Zeit erlosch der leuchtende Totenkopf auf der Hügelkuppe, was die Anwohner erleichtert aufseufzen ließ. Die Familie und Nachbarn errichteten jedoch in seiner Nähe eine Gedenktafel mit einem Totenkopf. Und so erhielt die Ansiedlung nach diesem einschneidenden Erlebnis ihren Namen.

Wie das Indische Rohr seinen Weg nach Flores fand

Vor ungefähr 200 Jahren lebte auf der nordwestlichen Azoreninsel Flores ein rechtschaffener Fischer mit seiner Frau und Tochter genügsam von dem, was ihnen das Meer zum Lebensunterhalt gewährte.

In einer finsteren Freitagnacht veränderte sich allerdings ihr zufriedenes Leben. Eine Hexe, die ihre Nachbarin war, fühlte den

Tod nahen, und die Frau und Tochter des Fischers, beide Maria genannt, sahen sich verpflichtet, der alten Frau in ihrer schweren Stunde beizustehen. Unruhig warf sich diese auf ihrem Lager hin und her, hatte sie doch niemandem, an den sie ihre Zauberkraft weitergeben konnte. In ihrer Verzweiflung umklammerte sie ihr Zauberbündel und schrie: „Wer fängt, was ich weiterreiche? Wer fängt es?" Dann warf sie ihr Bündel in die Luft und verstarb.

Die Fischerfrau sah das Bündel und fing es auf, ohne zu ahnen, welche Bewandtnis es damit hatte. Umgehend ging die Zauberkraft in Mutter und Tochter über, aber zunächst merkte man nichts, und das Leben lief seine gewohnten Bahnen.

Als jedoch eines Morgens der Fischer sein Boot ganz nass vorfand, obwohl er in der Nacht nicht aufs Meer zum Fischen hinausgefahren war, wurde er argwöhnisch. Die darauffolgende Nacht stellte er sich schlafend und machte eine erstaunliche Entdeckung. Kaum schlug die Uhr Mitternacht, da erhoben sich seine Frau und Tochter aus ihren Betten und verließen das Haus.

Vorsichtig schlich er ihnen nach und versteckte sich unter den Fischnetzen in seinem Boot. Schon stiegen die Frauen dazu und, ohne ihn zu entdecken, befahlen sie in herrischem Ton: „Hebe dich hinfort mit deinen Insassen!" Unverzüglich rutschte das Fischerboot ins Meer und schoss mit einer derartigen Geschwindigkeit durch die Wellen, dass dem Besitzer Hören und Sehen verging.

Im Nu fand er sich auf einem Strand in Indien wieder. Zwei Männer warteten auf seine Frau und Tochter und alle verschwanden in einem Wald Indischen Rohrs. Argwöhnisch schlich ihnen der Fischer hinterher und fand die vier, fröhlich zechend und schlemmend, bevor sie sich ausgelassen in wirbelnden Tänzen verloren.

Der Fischer war außer sich, besann sich aber, dass er einen Beweis brauche, um die Hexen zu überführen. Kurz entschlossen, brach er ein Stück Indisches Rohr ab und versteckte sich damit schnell wieder in seinem Boot.

Es dauerte nicht lange, und die beiden Marias kehrten zurück und stiegen auch wieder ein. Abermals befahlen sie mit strenger Stimme: „Hebe dich hinfort mit deinen Insassen!", und schon flog das Boot durch die Fluten.

Vor Morgengrauen ruhte das Fischerboot nass, aber unversehrt, auf seinem Strandplatz. Mutter und Tochter schlummerten unschuldig in ihren Betten. Der Fischer eilte jedoch schnurstracks zum Priester, erzählte ihm seine unglaubliche Geschichte und hielt ihm als Beweis das Stück Indisches Rohr entgegen.

Noch schliefen die beiden Marias, da erschien der Priester schon bei der Hütte des Fischers. Kaum hatte er seinen Segen über Mutter und Tochter und Boot gesprochen, da sah der Fischer wie das Zauberbündel verpuffte und zu Asche verfiel. Erleichtert atmete er auf, denn der Zauberbann war gebrochen.

Das Stück Indisches Rohr aber wuchs und vermehrte sich so fruchtbar, dass es heute auf allen azoranischen Inseln verbreitet ist. Und wenn es für jede botanische Neueinführung auf den Inseln eine Legende gäbe, müssten wir ein neues Buch schreiben. Dank des wohlwollend milden Klimas und fruchtbaren Bodens vermögen sich diese exotischen Eindringlinge in Windeseile auszubreiten und ihre vorherige Abwesenheit in kürzester Zeit vergessen zu machen. Oder wussten Sie, dass die allerorts beliebten Hortensien keineswegs zu der einheimischen Bepflanzung zu zählen sind?

Die Meerjungfrau von Ponta Ruiva

Es muss im 16. Jahrhundert gewesen sein, als ein junger Fischer an der Nordküste der Azoreninsel Flores, wie schon oft zuvor, zum Strand ging, um dort zu angeln. Während er durch das Plätschern des Wassers schon fast in den Schlaf gewiegt worden war, hörte er plötzlich eine bezaubernde Stimme, die in einer ihm fremden Sprache ein herzzerreißendes Lied sang. Vorsichtig schaute der junge

Mann hinter alle Gesteinsbrocken in seiner näheren Umgebung. Doch er konnte niemanden entdecken. Da es dunkel zu werden begann, zog er es vor, nach Hause zurückzukehren und seinen Eltern von dem betörenden Gesang zu erzählen.

Alle mussten seine Geschichte wieder und wieder hören, und bald war er selbst davon überzeugt, dass es sich bei der unentdeckten Sängerin um eine Meerjungfrau handeln musste. Seine Freunde spotteten, hämisch lachend, über ihn und meinten, dass er bereits von ihr verzaubert worden sei, denn seine Gedanken kreisten nur noch um ihr Sehnsuchtslied.

Verärgert und neugierig zog er darauf wenige Tage später mit seiner Angelrute wieder an die Stelle, wo er den mysteriösen Gesang vernommen hatte. Kaum hatte er seine Angelschnur ausgeworfen, begann die unsichtbare Sängerin das ihm bereits bekannte Lied zu singen. Diesmal ließ er, ohne sich auch nur umzuschauen, sein Angelgerät einfach zurück und pirschte sich entschlossen in die Richtung, aus der die Melodie kam.

Wie groß war seine Überraschung, als er auf einem Felsen am Strand keine Meerjungfrau, sondern eine normale Frau ohne Fischschwanz sitzen sah. In der untergehenden Sonne erglühten ihre Haare wie flackernde Flamme, während sich in ihren blauen Augen das Meer widerzuspiegeln schien. Ihre Haut war so weiß, dass sie fast transparent wirkte, lustige Sommersprossen tanzten auf ihrem Gesicht herum. Wehmütig sah die junge Frau auf das Meer hinaus und sang ihr sehnsüchtiges Lied.

Als sich der junge Fischer vorsichtig näherte, brach der Gesang abrupt ab, und die Sängerin erstarrte vor Schreck. Nie hatte der Fischer eine schönere Frau gesehen und so bemühte er sich erfolgreich, sie zu beruhigen. Schließlich vermochte die rothaarige Frau ihm sogar ihr Schicksal zu erklären. Sie stammte eigentlich aus Irland und war auf einem Piratenschiff verschleppt worden. Als sie beim Passieren der Inseln nahe genug an Flores vorbeikamen, erfasste sie todesmutig die Gelegenheit und schwamm an Land. Keiner bemerkte ihr Verschwinden, denn die schmale Mondsichel verbreitete nicht viel Helligkeit.

Der junge Fischer war von der jungen Frau so entzückt, wie von ihrer Geschichte ergriffen. Eifrig überredete er sie, ihm zu seinem Elternhaus zu folgen. Tatsächlich hatte noch nie jemand seiner Familie oder Freunde eine so schöne Frau gesehen. Die vom Leid geprüfte Irin war erleichtert, von ihrer Piratengefangenschaft befreit zu sein, und bald reichte sie dem jungen Fischer ihre Hand als Ehefrau.

Die Schönheit der jungen Frau vererbte sich in ihren vielen Kindern, und sie besaßen alle wie ihre Mutter Haare wie flackernde

Flammen, Augen so blau wie das Meer im Sommer und eine Haut so weiß, dass die Sommersprossen auf ihr zu tanzen schienen. Die Ansiedlung auf dieser Landspitze an der Nordküste der Azoreninsel Flores wurde seitdem nach dieser Familie benannt und als Ponta Ruiva, Rotschopf-Spitze, bekannt.

Und wenn man heutzutage bei Sonnenuntergang in dieser Gegend den orangeblauen Himmel bewundert, passiert es nicht selten, dass ein Angler grüßend vorbeikommt. Erstaunt schaut man ihm nach, denn auch dieser Angler hat flammenfarbene Haare, meerblaue Augen und eine zarte Haut, auf der die Sommersprossen zu seiner fröhlichen Pfeifmelodie tanzen.

Die Tragödie bei der Untiefe der 7 Marias, Baixa das Sete Marias

Die neun Azoreninseln erstrecken sich über eine erstaunliche Länger, befinden sich auf drei tektonischen Platten und wurden von Menschen unterschiedlichster Abstammung besiedelt, doch in Anpassung an die allgegenwärtigen Naturkräfte entwickelten die Bewohner ähnliche Lebensgewohnheiten für den Überlebenskampf. Denn wer sich den Naturgewalten nicht anpassen weiß wusste, musste und muss dies oft mit dem Leben bezahlen.

Von Anfang an galten die Entenmuscheln unter den Siedlern in den Azoren als willkommener Leckerbissen, um die täglichen Mahlzeiten zu variieren. Auch auf der nordwestlichen Insel Flores machten sich die Frauen ein Vergnügen daraus, nach verrichteter Arbeit in Gruppen zur Küste zu gehen und unter Gelächter und Jauchzen von Stein zu Stein zu springen und die kleinen Meerestiere zu sammeln.

Eines Tages beschlossen auch sieben Mädchen aus dem Ort Lajes, in der Nähe von Mosteiros Entenmuscheln zu suchen. Es war gar nicht so verwunderlich, dass alle sieben Mädchen Maria hießen, denn der Name erfreut sich auch heute noch in den Azoren äußerster Beliebtheit.Traditionsgemäß wird er meist in Verbindung mit anderen Namensteilen vererbt, so dass Maria José (Maria Joseph) oder Maria João (Maria Johannes) schon Tanten oder Großtanten dieses Namens besaßen; Maria do Céu (Maria des Himmels) und Maria da Conceição (Maria der Empfängnis) wurden dabei meist nicht von Geburt an für den Eintritt in ein Nonnenkloster prädestiniert, und Maria do Mar (Maria des Meeres), muss ich hier zur Enttäuschung einiger Leser vielleicht richtig stellen, ist auch nicht die Tochter einer Meerjungfrau – außer vielleicht in einer unserer Legenden.

Zurück in Flores herrschte gerade Ebbe, und so wagten sich die sieben jungen Frauen weit hinunter zu den leckenden Wellen. Sie quietschten vor Vergnügen, wenn sie die weichen Algen unter den nackten Fußsohlen kitzelten. Allerdings waren diese grünen und roten Algen feuchtnass und glitschig, und schon bald rutschte eine Maria auf ihnen aus und fiel in das unberechenbare Meer. Verzweifelt versuchte sie, Boden unter den Füßen zu gewinnen, aber die Strömung zog sie unerbittlich von der Küste fort. Entsetzt sprang eine Freundin hinterher und versuchte, die schreiende Maria zu retten. Doch auch die zweite Maria wurde ein Opfer der mitleidslosen Wellen, wenn auch nicht eher, als bis sich noch eine Gefährtin zu ihnen ins Meer gewagt hatte. Der Reihe nach versuchten sie einander zu helfen, wurden jedoch von der heimtückischen Strömung ergriffen und auf Nimmerwiedersehen in den weiten Ozean davongetragen.

Ihre Familien und Freunde weinten sich über dieses Unglück die Augen aus, und keiner ging je wieder zu der Stelle, wo die sieben Marias vom Meer verschluckt wurden, als sie Entenmuscheln sammeln wollten. Auch heute noch überkommt den Wagemutigen, der an der Baixa das Sete Marias nach Meeresfrüchten sucht, ein unheimliches Gefühl. Argwöhnisch lässt er die leckenden Wellen nicht aus den Augen, während die kühle Meeresbrise ihm Schauer über den Rücken jagt.

Sicherlich ist sich der zufriedene Gourmet beim Genießen dieser azoranischen Delikatesse, während sein Blick beim gemütlichen Geplänkel unter Freunden vom spektakulären Meeresblick in den Bann gezogen wird, nicht bewusst, dass auch heutzutage jedes Jahr das anscheinend anspruchslose Sammeln dieser harmlosen Krustentiere zahlreiche Todesopfer fordert. Das Meer gibt, und das Meer nimmt.

Die Legende des trockenen Teiches, Caldeira Seca

Einst lebte in Flores, einer der beiden nordwestlichen Azoreninseln, eine sehr reiche Familie, die zwei Söhne hatte. Von klein auf waren sie die besten Freunde und bereiteten ihren Eltern nur Freude und Stolz.

Als die Söhne schon erwachsen waren, verstarb der Vater und hinterließ sein Vermögen in der ruhigen Gewissheit, die Zuneigung der Söhne würde sie ihr Erbe in harmonischem Einverständnis wahren lassen. Wider Erwarten entschlossen sich die jungen Männer jedoch, den Grundbesitz aufzuteilen, und, da es Ländereien besserer und schlechterer Qualität gab, begannen sie zu debattieren, diskutieren und argumentieren. Jeder befürchtete, der Bruder wolle ihn übervorteilen, während jeder das Beste nur sich selbst gönnte. Bald ersetzte Misstrauen die einstige Freundschaft, Hass die jugendliche Zuneigung.

Schließlich verabredeten an einem trüben Wintertag beide Brüder, sich in einer entfernten Talsenke im höher gelegenen Inneren der Insel zu treffen. Jeder Bruder verschwieg dem anderen den Grund für das geplante Treffen, doch beide hegten die gleiche Absicht: Jeder Bruder plante, den anderen zu ermorden.

Die Brüder wählten aufeinander zulaufende Wege, aber beide bewältigten die Strecke schneller, als erwartet. Wut und Habgier spornten sie an. Gleichzeitig erklommen sie die letzte Anhöhe. Blind vor Hass wären sie beide fast ertrunken. Denn dort, wo sich vorher ein trockener Talkessel befunden hatte, erstreckte sich jetzt ein friedvoller Teich.

Ihre Pferde strauchelten, fast wären sie gestürzt. Erstaunt blickten die Brüder auf die ruhige Wasserfläche, die sie, so einander unerreichbar, trennte. Keiner konnte sich dem anderen nähern. War es das Vermächtnis des Vaters oder ein Wink Gottes, der ihr frevelhaftes Vorhaben vereitelte? Verlegen senkten die Brüder ihre Blicke. Wie hatten sie sich nur dazu hinreißen lassen können, dem anderen nach dem Leben zu trachten?

Voller Beschämung ritten sie nach Hause. Dort schworen sie einmütig, sich nie wieder von Habgier verführen zu lassen. Bis an ihr

Lebensende wahrten sie diese neu gewonnene Freundschaft und erwarben durch ihre Wohltaten hohes Ansehen in der Bevölkerung.

Noch heute verwandelt sich der Talkessel von Caldeira Seca in der Winterzeit in einen Teich und erinnert dabei an das Versprechen der beiden Brüder.

Die Teiche von Flores

Es war einmal ein Mann auf der Insel Flores weit im Nordosten des azoranischen Archipels, der hatte einen Sohn namens João. Der Junge war ein gutgläubiger Träumer, schlicht und gutherzig, wie man es den meisten Leuten auf Flores nachsagt.

Eines Tages sollte der Junge mit zwei Krügen Wasser von einer entfernten Quelle holen. Während er mit seinen vollen Krügen langsam nach Hause zurückschlenderte, war er ganz in seinen Gedanken versunken, blieb plötzlich stehen und sprach zu sich: „In anderen Ländern sollen wunderschöne Seen und Teiche sein. Nur auf meiner Insel soll es so etwas nicht geben? Das wollen wir doch einmal sehen!" Sprach es und schüttete den Inhalt des einen Kruges in eine Pfütze am Wegesrand. Oh, Wunder, schon vergrößerte sie sich, und schon lag zu seinen Füßen ein wunderschöner Teich.

Zufrieden betrachtete der Junge die veränderte Landschaft und entschloss sich, mit jeder Pfütze auf die gleiche Weise zu verfahren, die er auf seinem Weg vorfände. Und so geschah es. Zwar musste er mehrmals zurückgehen, um seine Krüge neu aufzufüllen, doch schlafwandlerisch beendete er sein Vorhaben und kehrte dann mit dem gewünschten Wasser nach Hause zurück.

Noch heute beeindrucken die Teiche in Flores durch ihre schlichte Schönheit. Ihr Wasser ist so klar und rein wie die Seele des Jungen, der sie erschuf.

Corvo

Der Piratenfakir Ali aus Corvo

Im 14. Jahrhundert hatte in der kleinen Ansiedlung auf der kleinsten Azoreninsel ganz im Nordwesten des Archipels, Corvo, eine unverheiratete Frau einen Sohn, namens Alípio, der wegen seiner dunkleren Hautfarbe aus dem gesellschaftlichen Rahmen fiel. Grundsätzlich bestanden die Einwohner darauf, dass Frauen, die unverheiratet schwanger wurden, umgehend die Insel verlassen mussten. Diese Frau jedoch blieb und wurde forthin als Hexe betrachtet, die über magische Kräfte verfügte.

Unschwer kann man sich vorstellen, wie sehr ihr Sohn in seiner Jugend unter den Vorurteilen und Nachstellungen leiden musste. Bei einer Auseinandersetzung mit anderen Jungen traf ihn ein Stein so heftig im Gesicht, dass ihm zeitlebens eine sternförmige Narbe auf dem rechten Wangenknochen blieb.

Als eines Tages die Insel wieder einmal von Piraten angegriffen wurde und alle flüchtend davonstoben, blieb Alípio stehen, drehte sich um und ging den Piraten mit offenen Armen entgegen. Nach langer Fahrt gelangte er nach Tunis, wo er einem Fakir übergeben wurde, von dem er wunderbare Zauberkunststücke erlernte. Aus Alípio wurde Ali, und dieser meisterte mit asketischer Disziplin die intellektuelle Macht, unverwundbar zu erscheinen. Zum Abschluss hängte ihm sein Meister als Zeichen seiner Zauberkraft ein Pentagramm um den Hals.

Der heranwachsende junge Mann sehnte sich jedoch nach Ruhm und Reichtum. Deutlich erinnerte er sich an die Worte seiner Mutter: „Armut ist keine Schande, sondern lediglich ein Schelmenstreich." Voller Tatendrang schloss Ali sich einer Bande Piraten an und überließ mit muslemischem Fatalismus sein Schicksal in Gottes Hand.

In zwei Schiffen brachen die Piraten auf. Ali wählten sie zu ihrem Kapitän, und dieser bestimmte als ihr Ziel die weit entfernt liegende Insel Corvo. War er ursprünglich aufgebrochen, um im Rachefeldzug die schimpfliche Behandlung seiner Mutter zu rächen, so sah sich der junge Pirat beim Anblick der Insel unerwartet in einen tiefen Gewissenskonflikt gestürzt. Verwirrt musste er feststellen, dass Heimweh und Wiedersehensfreude so gar nicht zu seinen blutigen Abrechnungsplänen passten.

Da der Seeräuber aus Corvo die Insel natürlich wie seine Westentasche kannte, gelang es den Piratenschiffen, unbemerkt in einer einsamen Bucht vor Anker zu gehen. Wehmütig erinnerte sich Ali, wie er hier als Alípio unbeschwert geangelt hatte. So sehr war er in seine Erinnerungen vertieft, dass er die Frau übersah, die zwischen den Steinen Entenmuscheln sammelte, wie er es einst selbst getan hatte. Sobald sie die fremden Schiffe sah, argwöhnte sie, dass es Piraten sein müssten. Vorsichtig schlich sie sich durch die Felsen am Strand und rannte dann, so schnell sie konnte, zum Dorf, wo sie umgehend lauthals Alarm schlug.

Die Männer wussten gleich, welchen Weg die Piraten für ihren Raubzug einschlagen würden, und verschanzten sich grimmig auf den Anhöhen. Schon erschienen die Piraten wohlgemut, da sie niemanden die Viehherden, auf die sie es abgesehen hatten, bewachen sahen. Doch unerwartet, hagelte es Steine und Felsbrocken auf sie aus der Höhe hernieder. Was der Inselbevölkerung an Munition fehlte, machten sie durch wutentbrannten Eifer wett.

Die Piraten begriffen schnell, dass so keine leichte Beute zu machen war und hasteten zu ihrem Ankerplatz zurück. In der Zwischenzeit war jedoch ein frischer Wind aufgekommen und hatte das eine Schiff auf die Felsen getrieben, wo es zerborsten war, und das andere Schiff losgerissen und weiter hinaus aufs Meer getrieben.

Argwöhnisch umringten die Seeräuber ihren Anführer. War er nicht ursprünglich von dieser Insel? Hatte er sie absichtlich in eine

Falle gelockt? Schon kam das wütende Geschrei der ihnen nachjagenden Inselbewohner näher. Der Kreis um Ali zog sich zusammen. Drohend blitzte ein Dolch im Sonnenschein. Kein Zauber rettete Alípio auf Corvo das Leben. Schon rollte sein abgetrennter Kopf auf den Strand.

Es gelang den meisten Piraten, zu ihrem Schiff zurückzuschwimmen und zu entfliehen. Der Körper ihres einstigen Anführers trieb mit den Wellen hinter ihnen her. Den Kopf fanden die herbeieilenden Einwohner sie mit offenen Augen anstarrend. Er kam ihnen merkwürdig bekannt vor. Und dann entdeckten sie auf seinem rechten Wangenknochen eine sternförmige Narbe. Da wussten sie, dass Alípio heimgekehrt war.

Schweigend begruben sie seinen Kopf am Strand. Doch am nächsten Morgen hatten die Wellen ihn wieder hervorgespült, und er rollte verloren zwischen den Steinen am Strand herum. Noch zweimal versuchten die Einwohner seinen Kopf zu bestatten, doch jedes Mal ließ ihm das Meer keine Ruhe. Es wird erzählt, dass der Kopf des unglücklichen Piraten Ali noch Jahre lang rastlos zwischen den Steinen am Strand hin und her gerollt wurde. Und so offenbart das Schicksal des unglücklichen Piraten Ali eine vielfältige Warnung.

Maria im Rosenkranz und die Piraten

Im 16. Jahrhundert lag die kleine Azoreninsel Corvo zwar wegen ihrer Steilküste wie eine natürliche Festung im Meer, aber da sie sich so abseits befand und so wenige Einwohner hatte, wurde sie oft von Piraten gebeutelt und ausgeraubt. Die Häuser drängten sich, Schutz suchend, um die kleine Kapelle auf der Klippenhöhe, aber der natürliche Hafen war auch Piraten leicht zugänglich.

Eines schönen Tages argwöhnten die Inselbewohner nichts Schlimmes und verrichteten, wie üblich, ihr Tagewerk. Die Männer waren auf den Feldern oder bei den Schafen, die Frauen sahen um die Häuser herum nach dem Rechten und bereiteten die Wolle zu, da fiel eine große Schar Piraten in den Hafen ein. Sie raubten und zerstörten, und die entsetzten Einwohner sahen sich an Zahl und Waffenwehr unweigerlich den Angreifern unterlegen.

Eilig flüchteten sie sich auf die Klippenhöhe. Nur ein Wunder konnte sie vor ihrem Verderben bewahren. Unaufhaltsam schleuderten sie Steine in die Tiefe, worauf die Piraten zu ihnen hinaufschossen. In ihrer Not trugen die bedrängten Anwohner die kleine Marienstatue aus der Kapelle an den Felsrand, damit ihnen Nossa Senhora do Rosário hülfe. Milde lächelte sie in die Tiefe. Die von unten gesandten Geschosse fielen zurück auf die Piraten und verletzten die Angreifer, statt die in die Enge getriebenen Inselbewohner zu treffen. Wild entschlossen, warfen die ermutigten Gläubigen, was immer sie um sich herum fanden, auf die nun doppelt unter Beschuss genommenen Seeräuber.

Verwundert gaben die Piraten schließlich auf und zogen mit ihrer Flotte ab, um ihre Wunden zu lecken. Die mild lächelnde Marienstatue über dem Klippenrand hatte ihnen einen gewaltigen Schrecken eingejagt. Ihr schrieben sie die magische Kraft zu, die Geschosse zurückfallen zu lassen, so dass sie unter den Angreifern mehr Übel anrichteten als unter den überfallenen Inselbewohnern.

Aus Dankbarkeit über das Wunder der Piratenabwehr nannten die Einwohner von Corvo die Marienstatue von der Zeit Nossa Senhora dos Milagres. Heute hat sie längst ihren Ehrenplatz in der Hauptkirche Corvos eingenommen.

Wie der Heilige Geist das Meer besänftigte

Der erste natürliche Hafen der kleinsten Azoreninsel, Corvo, entwuchs bald seiner Kapazität, da er mehr und mehr dazu benutzt wurde, das Mehl von den Getreidemühlen nach Flores zu transportieren. Außerdem mussten natürlich alle Viehtransporte und andere Waren in ihm abgefertigt werden, und so war auch die neue, verbesserte Hafenanlage, Porto Novo genannt, bald voll ausgelastet.

So gut der neue Hafen auch war, die Natur fand immer Wege, um zu beweisen, dass dem menschlichen Wirken Grenzen gesetzt sind. Eines Jahres war es bereits Spätfrühling, und der milde Sommer lächelte schon besänftigend um die Ecke, als sich das Wetter noch einmal von seiner wilden Seite zeigte und den menschlichen Atem stocken ließ. Die Wellen peitschten so hoch, dass jeder Verkehr im Hafen unmöglich wurde.

Dieser wütende Sturm brachte den Schirmherrn eines Heilig-Geist-Festes in arge Bedrängnis. Er hatte Kühe aus Corvo für das Heilig-Geist-Festmahl gestiftet und wollte sie nun nach Flores übersetzen. Der Nachmittag neigte sich schon dem Abend, und das Meer ließ nicht ab, mit tosenden Wellen gegen die Kaimauern sowohl in Flores als auch in Corvo zu donnern. Ohne Kühe würde es kein Fleisch und ohne Fleisch würde es keinen Festschmaus geben. Nervös wagten sich die Männer auf beiden Inseln in den beutelnden Wind, um mit besorgten Blicken die gegenüber liegende Insel und den aufgewühlten Horizont zu betrachten. Ergeben schüttelten sie ihre eingezogenen Köpfe, an Besserung schien nicht zu denken.

Schon setzte beidseitig Verzweiflung ein, als der Schirmherr des Heilig-Geist-Festes, ruhig entschlossen, an den Kai trat, das schäumende Meer und den drohenden Himmel betrachtete und dann, deutlich vernehmbar über das heulende Toben, den Befehl gab, die Kühe in das Boot zu verladen. Die ihn umstehenden Männer dachten zunächst, sie hätten nicht recht gehört. Dann wagten sie Einspruch zu erheben, das könne doch nicht sein Ernst sein, Vieh und Mensch würden von den Wellen verschlungen werden.

Der Schirmherr des Heilig-Geist-Festes hatte jedoch volles Vertrauen in die Macht des Heiligen Geistes und bestand darauf, die Kühe in das Boot zu hieven. Die Männer dachten zwar, er sei verrückt, gehorchten jedoch widerwillig. Die Frauen standen dicht zusammengedrängt, mit Tüchern umhüllt, jammerten und rangen die Hände.

Kaum passierte das Boot den Ausgangspfosten des Hafens, da beruhigte sich das Wasser. Der Wind ließ nach, die Wellen glätteten sich. Die Zuschauer standen verwundert still, einige bekreuzigten sich, andere flüsterten: „Gelobt sei der Heilige Geist!"

Unversehrt erreichten die gestifteten Kühe und der Schirmherr des Heilig-Geist-Festes den Hafen von Ponta Delgada auf Flores. Beim Festschmaus wurde bei jedem Bissen Fleisch dem Heiligen Geist Dank gesagt.

Die Heilig-Geist-Krone

Von Anfang an herrschte zwischen den Nachbarinseln Flores und Corvo im Nordwesten des Azorenarchipels neben dem Güteraustausch auch ein reger Personenverkehr. Man besuchte Freunde und Verwandte oder traf sich, um Geschäfte zu besprechen.

So gering die Distanz zwischen den Inseln scheint, so unberechenbar ist ganzjährig das Meer. Dies musste eines Tages auch ein voll besetztes Boot aus Flores erfahren. Als sie vom Hafen in Santa Cruz aufbrachen, herrschte eitler Sonnenschein. Doch kaum befanden sie sich auf halber Strecke, türmten sich um sie herum die Wellen zu Bergen auf, dunkle Wolken verfinsterten den Himmel, und alle Notwendigkeit, nach Corvo zu gelangen, schien auf einmal belanglos.

Also drehte das Boot um in der Absicht, im Heimathafen Zuflucht zu finden. Stattdessen drohte sich Verzweiflung auszubreiten, als bei der Annäherung klar wurde, dass die an den Kai schlagenden Wellen kein Einlaufen zuließen. Vom tosenden Meer gebeutelt, tanzte das Boot hilflos auf dem Wasser. Guter Rat schien teuer und rar.

Da hatten die auf der Felsküste Corvos Ausschau haltenden Einwohner eine Eingebung. Sicherlich würde ihnen in dieser äußersten Not der Heilige Geist beistehen. Schnell holten sie die während der Festzeit benutzte Silberkrone und streckten sie über die Klippe hinaus in den heulenden Wind. Keiner wurde über den Klippenrand in sein Unglück geweht, keiner stolperte im treibenden Regen. Vielmehr legte sich der Sturm, die Wellen beruhigten sich, und die Wolken zogen weiter. Bevor die Sonne am prächtig gefärbten Abendhorizont im Meer versank, lief das Boot mit seinen erschöpften, doch glücklichen Passagieren im neuen Hafen in Corvo ein.

Passagiere und die sie willkommen heißenden Inselbewohner sahen sich in ihrem Vertrauen auf den Heiligen Geist bestätigt. Für die Azoraner besteht kein Zweifel, dass ihr Überleben inmitten des wilden Atlantik nur durch die Gnade des Heiligen Geistes ermöglicht wird.

Azoren – Legende und Neuzeit

Die königliche Krone von Cedros

Lebendig begraben

Der vom Feuer verschonte Backofen

Der Bohnenpudding der Mönche von Horta

Welche Sakristei X?

Flores:

Die Marienstatue und die Piraten

Wie der Ort Caveira, Totenkopf, seinen Namen erhielt

Wie das Indische Rohr seinen Weg nach Flores fand

Die Meerjungfrau von Ponta Ruiva

Die Tragödie bei der Untiefe der 7 Marias, Baixa das Sete Marias

Die Legende des trockenen Teiches, Caldeira Seca

Die Teiche von Flores

Corvo:

Der Piratenfakir Ali aus Corvo

Maria im Rosenkranz und die Piraten

Wie der Heilige Geist das Meer besänftigte

Die Heilig-Geist-Krone

Bibliografie:

Almanaque Popular dos Açores.

Ângela Furtado Brum, Açores, Lendas e outras histórias, Ribeiro & Caravana, Ponta Delgada, 1999.

António Cordeiro, História Insulana das Ilhas a Portugal Sujeitas, no Oceano Ocidental, Secretaria Regional de Educação e Cultura, Terceira, 1981.

António Lourenço da Silveira Macedo, História das Quatro Ilhas que Formam o Distrito da Horta, (Reimpressão fac-similada de edição de 1871), 1981.

Archivo dos Açores.

Boletim do Instituto Histórico da Ilha Terceira.

Carreiro da Costa, Etnologia dos Açores, Rui de Sousa Martins, Lagoa, 1985.

Dante Caytano, Archipélago dos Açores, Nova Dimensão, 1987.

David Cordingly, Piraten: Furcht und Schrecken auf den Weltmeeren, VGS, Köln, 1999.

David Cordingly, Unter schwarzer Flagge. Legende und Wirklichkeit des Piratenlebens, Deutscher Taschenbuch – Verlag, München, 2001.

Douglas Stewart, Piraten. Das organisierte Verbrechen auf See, Mare-Verlag, Hamburg, 2002.

Fr. Agostinho de Monte Alverne, Crónicas da Província de S. João Evangelista das Ilhas dos Açores, Instituto Cultural, Ponta Delgada, 1961.

Francisco A.N.T. Gomes, A Ilha das Flores: Da Redescoberta à actualidade, Câmara Municipal de Lajes das Flores, 1997.

Francisco de Athayde M de Faria e Maia, Capitães dos Donatários (1439-1766), Instituto Cultural, Ponta Delgada, 1988.

Francisco F. Drummond, Anais da Ilha Terceira (Reimpressão fac-similada da edição de 1864), Governo Autónomo dos Açores, 1981).

Gaspar Fructuoso, Saudades da Terra, Instituto Cultural, Ponta Delgada, 2005.

João Marinho dos Santos, Os Açores nos Secs. XV e XVI, Serafim Silva, Maia, 1989.

José de Torres, Archivo Pittoresco, I-III, 1854-1857, Ponta Delgada.

José Rodrigues Ribeiro, Dicionário toponímico, ecológico, religioso e social da Ilha Terceira, Direcção Regional dos Assuntos Culturais, Angra do Heroísmo, 1998.

José Viale Moutinho, Lendas dos Açores, Esferado Caos Editores, 2007.

Manuel Ferreira, Ponta Delgada, Nova Gráfica, 1992.

Manuel Greaves, Histórias que me contaram, Horta, 1948.

Marcelino Lima, Anais do Município da Horta, Famalicão, Horta, 1940.

Maximiliano de Azevedo, Histórias das ilhas, A.M. Perreira, 1899.

Núcleo Cultural da Horta, O Faial e a Periferia Açoriana nos Sécs. XV a XIX, Horta, 1995.

Peter Linebaugh, Marcus Rediker, The Many Headed Hydras, Sailors, Slaves, Commanders and the Hidden History of the Revolutionary Atlantic, Beacon Press, Boston, 2005.

Zeitfracht Medien GmbH
Ferdinand-Jühlke-Straße 7
99095 Erfurt, Deutschland
produktsicherheit@kolibri360.de